행복한 사람은 글을 쓰지 않는다

행복한 사람은 글을 쓰지 않는다

김효동 지음

프롤로그

"잘 지내고 있나요?"

저는 가끔 지인에게 전화를 걸어 안부를 묻곤 합니다. 특별한 이유는 없습니다. 어떠한 목적도 없고요. 그저 가까운 이웃의 이야기를 듣고 싶어서입니다. 그럴 때면 평소 말을 아끼던 친구들도 기꺼이 저마다의 이야기 보따리를 털어놔주곤 합니다. 잘 지내는 줄로만 알았던 친구의 가족사에 함께 슬퍼하고, 가정을 꾸린 지인의 부모로서의 죄책감에 고개를 끄덕이고, 해맑기만 했던 어린 벗의 불안한 미래를 함께 걱정하곤 합니다.

전화를 끊고 나면 종종 이런 생각이 들어요. 모두가 참 힘들게 살아가고 있구나. 그러다 보면 마음에는 하나의 물음이 생깁니다. 왜 그들은 주위 사람이 아닌, 오랫동안 만나지 못했던 나에게 그 많은 말을 털어놓았을까. 긴 시간 고민하다가 알게 되었습니다. 그들에게 안부를 묻는 사람이 줄어들고 있다는 걸요. 날이 갈수록 주변인들의 일에 마음을 기울이는 사람이 귀해지고 있습니다. 서운해 할 일은 아닙니다. 입 밖으로 꺼내지 않을 뿐 저마다 가슴 속에 슬픈 사연 하나, 고된 사정 하나씩은 품고서 하루하루를 버텨내고 있으니까요.

  우리 사회는 참 많이도 발전했지만 마음은 점점 가난해지고 있다고 느낍니다. 저는 조금은 여유가 있는 편입니다. 그래서인지 글을 쓸 때면 무의식적으로 위로를 담곤 합니다. 무심코 쓴 글조차도요. 소심한 사람이라 쉽게 나서지는 못하지만 마음속에는 늘 누군가를 품을 수 있는 여유가 있다는 사실은 스스로도 자랑스럽게 여기는 부분입니다.

요즘 잘 팔리는 책들을 보면 대개 '돈' 이야기입니다. 다들 누군가의 내면보다는 그를 이루고 있는 조건과 숫자들을 먼저 보고 싶어 하는 시대라 그런 걸까요. 물론 재산도 중요하지요. 그러나 내적 여유가 그것을 뒤따르지 못한다면 아무리 많은 부를 축적하게 된다 해도 온전한 행복을 느끼지는 못할 것입니다.

돈을 버는 방법이 제각각이듯 마음에 긍정을 쌓는 방식도 다양할 것입니다. 그렇다고 이 책에 그러한 비법을 담았다는 것은 아닙니다. 저라는 사람이 하나의 나무라면 실패가 그 씨앗이었고, 가난과 눈물이 바람이었습니다. 〈행복한 사람은 글을 쓰지 않는다〉는 그저 평범한 이야기들의 나열일 뿐입니다. 메마른 인생의 좁은 길을 걸으면서도 소소한 행복을 말하고자 한 가벼운 노래입니다. 저는 제 이야기를 들어주길 바라는 것이 아닙니다. 당신의 안부를 묻는 인사말이 되기를 희망하는 것입니다. 제가 겪고 마주한 일련의 시간들을 따라가며 당신의 삶을 들여다보고, 글자 사이에 담긴 말들을 기억하길 고대합니다.

"괜찮아."
"잘하고 있어."

그리고 그 말들로 당신의 하루가 끝나기를 바랍니다.

차례

프롤로그 • 4

1장 지친 삶은 한줄기 바람처럼

매일 저녁 도망칠 용기를 연습한다 • 15

이게 나지 • 20

하루 리스트 • 24

착함의 가치 • 30

그게 뭐시라고 • 37

지친 삶은 한줄기 바람처럼 • 40

때로는 어리석은 지혜로움으로 • 44

월급에 만족하시나요 • 51

사이보그가 되고 싶어요 • 58

최선을 다하기 위한 신조 • 62

회식의 늪 • 66

2장 당신의 사탕은 무슨 맛일까

내가 나를 위로하는 법 · 74

있는 그대로였으면 · 77

서해 여행기 · 82

진실과 확신 · 88

당신의 사탕은 무슨 맛일까 · 92

J에게 · 95

삐딱한 이야기 · 101

괴롭히는 사람들 · 104

포기하지 않고 무작정 미루기 · 108

돈보다 꿈이 중요한가요 · 113

3장 - 우리가 두려워하는 것들

맞서지 않을 용기 · 120

진짜 없었던 건 시간이 아니야 · 125

주류가 되기까지 · 128

한마디 · 133

인생은 찍먹 · 137

바람에 흔들리는 들풀처럼 · 142

책과 된장국 · 146

짜장면의 교훈 · 150

부딪히며 배우지 · 155

삶에 이유는 필요 없어 · 161

4장 - 완벽한 행복

화 내려놓는 법 · 168

꺾이지 않는 마음 1 · 172

완벽한 행복 · 176

꺾이지 않는 마음 2 · 181

꺾이지 않는 마음 3 · 185

추남이 쓰는 글 · 192

어른의 우정 · 195

나는 노예다 · 205

실명할 수도 있습니다 · 210

또다시 배우는 중입니다 · 218

마지막 잎새 · 227

1장

지친 삶은

한줄기 바람처럼

매일 저녁
도망칠 용기를 연습한다

나는 요즘 저녁마다 도망칠 연습을 한다.
침대에 누워 하나씩 내려놓아 본다.

살던 집을 떠나는 나.
단골 식당 앞을 지나치는 나.
진한 거품이 몽글한 플랫화이트 대신 인스턴트 커피를 저어 마시는 나. 아직 현실은 아니지만 연습을 하다 보면 막상 그 순간이 왔을 때, 조금은 덜 두려울지도 모른다.

나를 불행하게 만든 건 부족했던 열정이 아니다.
손을 놓을 용기가 없었기 때문이다.
사법고시를 준비하던 젊은 날, 어렴풋이 알았다.
이 길은 끝이 보이지 않는다는 걸.

그럼에도 손을 놓지 못했다.

아니, 그럴수록 더 세게 움켜쥐었다.

손톱이 손바닥을 파고들어도 아픈 줄도 모르고, 결국엔 날카로운 손톱이 속살을 찌르듯 삶이 나를 아프게 했다.

오랫동안 세계 곳곳을 여행하고 진귀한 요리들을 맛보며 살아온 S. 그는 파리의 어느 카페에서도, 미슐랭 가이드에 선정된 도쿄의 레스토랑에서도 그리고 서울의 한강변에서도 커피를 마셨을 테다. 그런 그가 어느 날 이렇게 말했다.

"이제 더이상 행복하지 않아."

너무 많은 풍경과 너무 많은 맛을 경험하다 보니 그것들로부터는 더이상의 감동을 느낄 수 없게 되었다고. 나는 그 말을 오랫동안 곱씹었다.

우리는 행복을 좇아 살아가고 있는데, 어쩌면 그 행복이 우리를 지치게 만드는 것은 아닐까. 더 많은 것을 보고 더 많은 것을 느끼고 더 많은 것을 가지려 할수록 오히려 더 많은 것을 잃고 있을지도 모른다. 그래서 나는 가끔 행복을 따라가는 대신 멈출 용기 혹은 도망칠 용기를 연습하고는 한다.

나에게 필요한 것은 생각보다 많지 않다.
4평의 고시원.
아니, 이건 좀 답답했다.
7평의 원룸.
나쁘지는 않았지만 넓은 책상이 아쉬웠다.
15평의 투룸.
좋다.
거실 한쪽에 1인 소파를 두고, 침대도 큰 것으로 둘 수 있다.
이 정도면 만족스럽다.
나이가 많아지면 병원에 갈 일도 생기겠지.
그러니 보험과 병원비 정도는 준비해놓아야 할 것이다.
이것들을 제외하고 나면 얼마나 필요할까.
진지하게 계산해 본다.
어느 날은, 한번쯤 해볼 결심이다.

하루에 만 원 챌린지를 한다고 평생을 그렇게 살아갈 수는 없다. 억지로 쥐어짜낸 하루가 아니라 자연스럽게 이어지는 하루의 삶 속에서 내게 정말 필요한 것은 얼마나 될까. 더이상 벌지 못할 때 혹은 내가 삶에서 도망쳐야 할 때 필요한 자금은 얼마쯤 될까.

한 번은 해보리라.
몸에 낀 지방을 빼듯이, 내게 필요 없는 것들을 덜어내는 일.
다들 그렇다고 하니 덩달아 사는 국민평수의 집,
항상 잡음이 많았던 냉장고,
쓸데없이 많은 기능이 들어간 세탁기.
그것들을 덜어내고 진짜 필요한 것들만 남기는 삶.
편안한 의자, 아늑한 나무 테이블, 작은 커피머신 그리고 여러 번 읽고 또 읽을 수 있는 태블릿.

한 달쯤 이렇게 살아 보면 도망칠 용기가 아니라 오히려 욕심내지 않는 법을 배우게 될지도 모른다. 그렇다고 당장 회사를 때려치우고 실행에 옮기겠다는 건 아니다.

이것은 연습, 도망칠 연습일 뿐.
하지만 언젠가는 정말 실행해야 할지도 모른다.
일주일, 한 달, 여섯 달, 혹은 일 년,
어쩌면 주어질지도 모를 시간이다.
형에게 전화를 했다.
삶에서 도망칠 때 필요한 것이 무엇이냐고 묻지는 않았다.
괜히 속 깊은 형이 오해할 수도 있으니까.
형은 고즈넉한 삶이 어울리는 사람.

그저 의자 하나와 책 한 질이면 충분하다고 했다.

같은 책을 반복해서 읽는 게 마음 편하다는 사람이다. 지금은 딸을 위해 지출하는 삶이지만 스스로를 위해 남길 것이 있다면 의자와 책뿐이라고 했다. 식사도 미역국과 김이면 충분하다고 했다. 음식에 대한 넓은 아량이 부러웠다. 생각해 보니 차마 끼니까지 계산하진 못했다. 일주일에 치킨 한 마리와 한 끼의 삼겹살은 빼놓을 수 없으니 이것도 추가로 계산해보아야 할 일이다.

그래도 다행이다.
형도 나도, 삶에 그렇게까지 큰 욕심이 없다는 것이.
행복을 위해 필요한 것들이 많지 않다는 것이.
어쩌면, 그 자체가 행운인지도 모른다.

이게
나지

서른한 살이 되던 해, 직장을 구하기 위해 다시 상경했다. 집은 사법고시생 시절에 머물렀던 익숙한 신림동 어느 골목에 얻었다. 처음 며칠은 제법 계획적이었다. 해가 뜨면 조깅 삼아 서울대 도서관을 다녀오고, 샤워를 마친 뒤엔 책상에 앉아 구직 활동을 했다. 점심은 직접 장을 본 재료로 간단하지만 건강한 식단으로 요리해 먹었다. 잠자리에 들 즈음엔 간혹 밀려오는 불안에 마음을 떨기도 했지만, 이 정도면 오늘 하루도 제법 잘 살았다는 묘한 안도감을 느끼며 하루를 마무리하곤 했다.

그러나 열흘쯤 지나자 이 삶에도 균열이 생겼다. 만나는 사람도, 특별한 약속도 없다 보니 씻는 시간부터 줄어들었다. 예민한 두피 때문에 매일 머리를 두 번씩 감곤 했는데 좀처럼 외출할 일이 없게 되자 이 마저도 귀찮아져 버렸다. 날이 추워질수록 생활은 은둔해졌다. 아침은 늦어지고 누워 있는 시간은 길어졌다. 인생이 조금씩 한량의 삶으로 미끄러지고 있음을 느꼈다. 상대성 이론을 이때 처음으로 체감했다. 직장에서는 너무나도 길었던 하루가 이제는 눈만 깜빡하면 저물고 있었다. 한 달쯤 쉬었나 싶은 생각이 들었을 땐, 세상의 시간은 8개월이 지난 뒤였다.

하루하루는 더이상 무언가를 준비하는 시간이 아니라, 그저 흘러가는 날들로 퇴색되어 갔다. 가을이 되어서는 구직을 하기보다는 내 삶을 합리화할 변명만 찾고 있었다.
"조금 늦어도 정말 원하는 일을 찾는 게 중요하지."
"이 월급을 받을 바엔 시간을 더 투자해서 조금이라도 나은 직장을 구하는 게 낫지."
스스로를 설득하는 데 익숙해졌고 그 익숙함이 삶을 조금씩 잠식해갔다. 집에만 있다 보니 두통과 허리 통증도 심해졌다. 건강이 나빠지고 있다는 자각이 들자 그제야 두려움이 밀려왔다. 이대로는 안 되겠다는 생각이 수도 없이 스쳤지만 상황은 쉽게 바뀌지 않았다. 정해진 일이 없다는 현실은 살이 찐 몸처럼 나를 더 무겁게 짓눌렀다. 고시원에 놓인 하나의 가구가 된 듯했다. 침대와 내가 다를 게 없었다.

그러면서도 머릿속에서는 이런 변명이 들려왔다.
'오늘은 피곤하니 내일 다시 생각해보자.'

무서웠다. 하루 종일 유튜브를 보며 누워 있는 내가 피곤하다고 말하는 것이. 전날 밤 야식을 먹고 자도 다음날 아침이 되면 밀려드는 허기에 과자 봉지를 뜯는 것처럼 본능만 남은 삶 같았다. 실망스러웠다. 나 자신에게, 지금 이 시간을 만든 과거의 선택들에게. 당장이라도 뛰쳐나가 세상과 마주하고 싶었지만 찬 바닷물 앞에 선 사람처럼 두려움이 먼저 발을 잡았다.

'무엇을 해야 할까.'

답이 없던 그 물음 앞에서 나는 행동부터 하기로 했다. 할 일이 없어도 아침 6시에 일어나겠다는 작은 결심부터 시작했다.

다음 날, 뒷산을 가볍게 올랐다. 땀을 식히며 벤치에 앉았고 가슴이 뛰는 소리를 들었다. 근처 도서관에 들러 책을 읽고, 집으로 돌아와 면도하고 샤워를 했다. 약속은 없었지만 중요한 사람을 만나러 가는 것마냥 몸을 깨끗이 정돈했다.

점심엔 반찬통을 그대로 꺼내 식사를 하는 대신 작은 종지에 옮겨 조심스럽게 식탁 위에 놓았다. 거창하진 않아도 정갈한 한 끼였다. 그 순간 문득 나다운 건 무엇일까 생각했다. 우리는 종종 '나다움'을 찾기 위해 사색하고 책을 읽는다. 그러나 그 본질은 복잡한 철학보다는 아주 사소한 루틴 속에 있을지도 모른다. 약속이 없어도 몸을 깨끗이 정리하고, 정갈한 식탁을 준비하고, 산책길에서 계절의 냄새를 느끼는 것. 이 단편의 시간들은 휘

몰아치는 폭풍 속에서도 나라는 존재를 굳건히 지켜내고 있었다. 그리고 그 사소한 것들이 모여 다시금 나를 살게 한다. 오늘 하루를 버텨내고 내일을 조심스럽게 바라보게 만든다. 인생이란 그런 조각들의 연속일지도 모른다. 작고 단단한 순간들이 모여 한 사람을 완성시키 듯, 그 조각들을 다듬는 방식에 따라 삶은 더 단정해질 수도 있고 더 너그러워질 수도 있다. 지금의 나는 기나긴 고요 속에서 삶의 조각들을 아주 천천히 정돈하고 있는 중이다.

하루
리스트

몽마르트르 언덕 위 사크레쾨르 대성당의 계단에서 만세를 부르는 사진을 받았다. 하늘은 에메랄드빛으로 펼쳐져 있었고 구름은 하얀 돛단배처럼 떠 있었다. 햇살 아래 성당 옆 나무는 갓 자라난 듯 싱그럽고 하얀 석조 외벽은 단정한 드레스를 입은 신부처럼 고요히 자리했다.

어머니는 파란색 점퍼를 걸치고 두 팔을 하늘로 쭉 뻗고 계셨다. 그 모습이 얼마나 생동감 넘치고 즐거워 보이는지 꼭 영화 주인공 같았다. 하늘을 향해 만세를 외치는 포즈는 그 순간이 세상에서 가장 행복한 시간이라고 선언하는 듯했다. 지금 내가 얼마나 좋은지 보라고.

칠순을 앞둔 어머니는 프랑스를 가고 싶다고 하셨다. 평생을 촌동네에서 의상 일을 했던 그녀에게 몽마르트르 언덕은 단순한 여행지가 아닌 평생 닿고 싶었던 세계였을지도 모른다. 어둑한 작업실에서 재봉틀을 박으며 언젠가는 저 커다란 무대에 서게 될 날을 상상하셨을지도 모른다. 이름 없는 무용수가 꿈의 무대를 그리며 밤새 연습하듯, 어두운 조명 아래 어머니의 굳은 살 박힌 손길은 춤추듯 부지런히 움직였을 것이다. 그곳에 가신 특별한 이유가 있냐는 나의 물음에 당신은 죽기 전에 하고 싶은 일이었다고 답하셨다.

어머니의 말씀에 버킷리스트(bucket list)를 떠올렸다. 문득 아무 생각 없이 써왔던 버킷리스트가 무엇을 의미하는지 궁금해졌다. '버킷(bucket)'은 양동이인데 '양동이 리스트'라니. 왠지 모르게 어색한 듯해 어원을 찾아보니 이 표현은 "kick the bucket(양동이를 차다)"라는 관용구로부터 유래되었다고 한다. 뜻은 '죽다'인데, 가장 널리 알려진 해석은 교수형이나 자살 같은 비극적 상황에서 양동이 위에 올라선 사람이 발로 그것을 걷어차던 데서 나왔다고. 그래서 버킷리스트는 "죽기 전에 꼭 이루고 싶은 것들"이라는 의미를 갖게 되었다고 한다.

몽마르트르 언덕 위 어머니의 웃음 속에서 어딘가 아련함을 느꼈다. 그녀는 하나의 버킷리스트를 실현시키기 위해 50년 이상의 기나긴 꿈을 간직해오지는 않았을까. 어머니의 삶 속에서 몽마르트르 언덕은 단순한 여행지가 아니었을 것이다. 그녀의 오랜 바람과 인내가 담긴 하나의 목표였고, 삶의 고단함을 견디게 해준 희미한 등대와도 같았을 것이다. 목표를 가진다는 것은 아름다운 일이지만 한편으로는 이렇게나 오랜 세월을 걸어야 겨우 닿는 종착역이라는 사실이 아들인 나에게는 다소 서글프게 다가왔다.

내 삶은 어떤가. 오늘 하루를 그저 견디기만 하면서, 내면 깊은 곳에서는 거창한 목표를 향해 달려야 한다는 강박에 사로잡혀 있지는 않은가. 형체조차 가늠할 수 없는 그 목표는 죽음을 향해 걸어가는 길처럼 멀고도 아득하다. 우리는 종종 '버킷리스트'라는 이름으로 포장된 위대하고 성취감 넘치는 삶을 꿈꾸지만, 그 무게에 짓눌리기도 한다.

최근 만난 지인은 창밖의 한산한 도로를 보며 그냥 돌멩이가 되고 싶다고, 나이가 더 들면 조용히 사라지고 싶다고 했다. 그 말이 내게는 덜컥 충격처럼 다가왔다. 그러나 이 이야기를 다른 사람들에게 전하자 공감한다는 대답이 돌아왔다. 비슷한 생각을 한 적 있다고 했다. 우리는 왜 이렇게 쉽게 지치고 쉽게 멈추고 싶어 하는 걸까. 간혹 사회 초년생 친구들과 이야기를 나눌 기회가 있는데, 이들에게는 '버킷리스트'라는 단어조차 버거운 듯 보였다. "현실적인 목표조차 벅찬데, 죽음과 관련된 리스트를 쓸 여유가 어디 있디 있냐"고 말했다. 그도 그럴 것이 내 집 마련, 안정된 직장, 행복한 가정과 같은 미래를 짊어진 그들은 오늘을 살아내기에도 벅차다. 먼 미래를 향해 꿈을 그리기보다는 당장의 생존이 급하다. 그들에게 버킷리스트는 '살아남기 위한 투쟁의 기록'일 뿐이다. 그런데 우리는 왜 삶을 버킷리스트로 채우려 할까.

한편, 버킷리스트는 '죽음의 순간'도 떠올리게 한다. 인생의 종착지에 다다라서야 이룰 수 있을 것 같은 무거운 과업들. 사실, 내가 어렸던 시절만 해도 내 집 마련은 그리 거창한 목표가 아니었다. 하루하루를 성실히 살아내면 자연스럽게 따라오는 일이었다. 그런데 지금은 서울의 집값 자체가 감당하기 힘든 존재가 되어버렸다. 현실조차 손에 닿을 수 없는 이상이 되어버린 지금, 누가 죽음의 리스트를 쉽게 써나갈 수 있겠는가. 얼마 전 친구와 이야기를 나누던 도중 나는 말했다.

"버킷리스트라는 것을 모르던 시절로 돌아가고 싶어. 그건 나중의 일이야. 지금은 죽음이 아니라 오늘의 삶에 집중하면서 살래."

찬란한 목표를 바라보다 정작 발 밑의 따뜻한 순간들을 놓치고 있는 것은 아닐까. 지금 필요한 건 언제 올지도 모를 미래의 위대한 꿈이 아니라, 조금의 노력으로 닿을 수 있는 오늘의 소소한 행복이다. 그날 밤, 집에 돌아와 나만의 리스트를 적어보기로 했다. 이름하여 '하루(Day) 리스트'.

하루 리스트
- 바닷가에서 불꽃놀이 하기
- 해변에서 텐트 치고 자기
- 바다 소리 들으며 치킨 먹기
- 밤새 책 읽기
- 단체로 백사장 맨발 걷기
- 모닥불 피우고 불멍하며 마시멜로 굽기
- 별이 잘 보이는 곳에서 별 구경하기
- 현재의 위치로부터 가장 가까운 맛집에서 새로운 음식 맛보기

특별한 자격도 누군가의 허락도 필요 없는 일들. 조금의 용기와 시간만 있다면 충분히 해낼 수 있는 일들이다. 하지만 마음먹지 않으면 미루어지기만 하는 일들. 내게 이 리스트는 행복의 씨앗이다. 왜 그간 죽기 전에 하고 싶은 일만 떠올렸던 걸까. 왜 '버킷리스트'라는 말이 죽음을 전제로 해야만 의미를 가질까. 오늘 하고 싶은 일을 찾아가며 살아야 하지 않을까.

하늘 아래 어머니의 만세가 아니어도 좋다. 나의 하루에 작은

박수라도 칠 수 있다면 충분하다. '죽기 전'이 아닌 '오늘'을 생각할 수 있는 삶. 내 리스트는 끝나지 않는다. 멀리 있는 죽음의 별빛 대신, 오늘 속에서 반짝이는 작은 온기를 따라간다.

착함의 가치

 당시의 나는 겉으로만 좋은 사람이 아닌 진실로 선한 사람과의 만남에 갈증이 나 있었다. 하루하루가 다르게 피어오르는 잡념들을 잠시라도 정화시키고 싶은 마음 때문이었다. 그 무렵 직장동료 S를 사석에서 만나게 되었다.
 그는 집이 회사에서 제법 먼 나의 몇 안 되는 이웃 직원 중 하나다. 직장 내에서도 가장 힘든 일을 도맡아 하는 그의 얼굴엔 언제나 은은한 미소가 머금어져 있다. 급한 일로 정신이 없을 때에도 "조금 바쁘네요." 할 뿐이었고, 그럴 때마다 생기는 눈가의 옅은 주름은 그의 다정한 성품을 드러내주곤 했다.
 S의 말에는 특별한 힘이 담겨 있어, 몸과 마음이 지쳤을 때 그와 대화를 나누고 나면 마음이 한결 가벼워지곤 했다.

 나는 제법 오래 전부터 S와 나의 집이 가깝다는 사실을 알고 있었지만 사적인 만남을 일절 제안하지 않았다. 내향적인 성격 탓도 있었으나 나 못지 않게 S 역시 퇴근 후에는 혼자 지내는 것을 좋아하는 듯했기 때문이다. 개인적인 시간을 방해하고 싶지는 않았던 마음에 회사 밖에서는 만날 생각을 하지 못했다. 그러나 날이 갈수록 어지러워지는 마음에 그와 수다라도 떨어야 기분이 나아질 것 같아 모처럼 용기를 내 연락을 했다. 그는 본인은 항상 집에 있으니 시간은 괜찮다고 했다. 내심 만남이 부담스러운데도 거절을 못 한 건 아닐까 싶어 마음이 쓰였다. 이런 내 마음을 눈치라도 챘듯 S는 회사 밖에서 보니 너무 좋다며 웃어 보였다.

집에서 무엇을 하고 있었냐고 묻는 내 말에 그는 멋쩍은 듯 혼자 놀고 있었다고 답했다. 뭘 하고 놀았느냐고 묻자 유튜브를 보거나 게임하는 게 전부라고 했다.

30대 중반에 접어든 그는 좀처럼 사람을 만나지 않았다. 자타공인 집돌이인 나보다 한 수 위였다. 다년간 지켜본 결과 철저히 집에서만 시간을 보냈으며, 연애와도 거리가 먼 삶을 살고 있었다. 그는 내게 여동생이 있었다면 주저 없이 소개해주었을 만큼 좋은 사람이다. 꼼꼼하고 준비성도 철저한데 귀여운 외모와 붙임성 있는 성격까지 갖췄다. 이성에게 인기가 있을 법한데도 연애는커녕 사람 자체를 잘 만나지 않았다. 회사에서도 종종 농담 삼아 그의 옆구리를 찌르며 주말에는 데이트라도 좀 하라고 부추기곤 했으나 대답을 들은 적은 없다. 연애나 결혼에는 아예 관심이 없는 건지 궁금했지만 쉽게 물어볼 수는 없었다.

 우리는 일상적인 이야기를 나누며 커피를 마신 뒤 밖으로 나왔다. 은둔 생활을 즐기는 S는 바닷가 근처에 살면서도 해변을 좀처럼 찾지 않는다고 했다. 나는 S에게 갈맷길(부산시에 위치한 트레킹 코스)을 걷자고 제안했다. 밖으로 나오자 햇살이 따스하게 내려앉았다. 하늘은 맑고 푸르렀으며, 공기에는 짭조름한 갯내음이 스며들어 있었다.
 해운대 해수욕장을 지나 산책로에 들어서자 마치 숲속으로 발을 들인 것 같았다. 양옆으로 늘어선 소나무들이 은은하게 향을 뿜으며 길 위로 길게 그림자를 드리웠다. 솔바람이 스쳐 지나가며 지친 마음을 어루만졌고, 마음속까지 가벼워짐을 느꼈다. 분위기에 취한 나는 한결 진지하게 물었다.
 "결혼은 둘째치고, 왜 연애를 안 해?"
 S는 잠시 뜸을 들이다가 먼 바다를 바라보며 답했다.
 "혼자가 좋습니다."
 낮은 목소리는 확고함을 더했다. 문득 사회적 동물인 인간이 진정 사람과의 관계가 부재한 채로도 행복할 수 있는지 궁금해졌다. 그의 말은 하나의 화두를 던졌다. 수많은 논문과 심리학에서는 인간은 혼자서는 완전할 수 없다고 말한다. 이는 대인관계가 어려운 나에겐 풀기 어려운 숙제 같았다. 그러나 개인의 경험은 보편적 진리를 넘을 수 없기에 혼자만의 편안함을 내려놓고, 선인들의 가르침에 귀를 기울였다. 그러자 아득할 것만 같던 가르침은 단순한 진리로 귀결되었다. 사람은 사랑으로 행복해질 수 있다는 것이었다. 그의 차분한 답변은 다시 한번 의문을 품게 했다. 나는 재차 물었다.

"방에 혼자 있는 게 그렇게 좋아?"

"네. 가장 편안하고 즐거워요."

돌아오는 목소리는 여전히 단호했다. 혹시나 하는 마음에 눈이 너무 높은 건 아니냐며 웃으며 물었고, 그는 미소를 띠며 고개를 끄덕였다.

"그럴지도 모르죠. 이렇게 완벽한 방에서 저를 끌어내리려면 상대가 얼마나 큰 매력을 가지고 있어야 할지 가늠조차 안 되니까요."

그 말에 우리는 웃음이 터져버렸지만, 타인의 감정에 민감한 나는 그의 목소리에서 왠지 모를 쓸쓸함을 느꼈다. 말없이 걷던 S와 나 사이에 얼마간의 고요가 흘렀다. 집으로 돌아오는 길, 그는 조용히 입을 열었다.

"제가 어때 보이세요?"

갑작스러운 질문에 나는 멈칫했지만, 솔직하게 답했다.

"정말 좋은 사람이지. 모두가 그렇게 생각할 걸?"

그는 씨익 웃으며 고맙다고 말했다. 말투는 가벼웠지만, 눈가에는 어딘가 깊은 고독이 어른거리는 듯했다. 잠시 침묵이 이어지던 중, S는 낮은 목소리로 덧붙였다.

"사실 숨어 있는 것일 수도 있어요."

갑작스러운 고백에 나는 걸음을 멈추고 옆을 바라봤다.

"무엇으로부터?"

잠시 하늘을 올려다보더니 고개를 숙이고 말을 이어갔다.

"어릴 때부터 괴롭힘을 많이 당했어요. 말하기 싫은 일이 많아요. 내가 작아서 아니면 너무 바보 같아서 그런 것일지도 모르지만 사람들은 나를 아프게 하고도 미안하다는 사과 한마디 없이 가버리곤 했어요. 내가 아끼는 물건도 함부로 가져다 쓰고는 돌려주지도 않고. 뭐 그런 일이 일상이었죠."

그는 작게 웃었지만 그 웃음은 쓰라림으로 덧칠된 듯했다.

"사실 지금도 많이 이어지고 있어요. 어떠한 죄책감도 없이 저를 함부로 대하는 사람들은 제가 견디는 게 당연하다고 생각하는 것 같아요. 그래서 이렇게 망가져버렸나 봐요."

S의 고백은 어딘가 아득하고 무거웠다. 그는 언제나 밝게 웃고 있었지만 내면에는 깊은 상처를 꽁꽁 숨기고 있었다. 다들 가슴 속에 사연 하나씩은 품고 산다지만 보여지는 모습만으로 편견이나 어떠한 단정을 지어버리는 것이 얼마나 어리석은 일

인지 다시 한번 깨달았다.

"망가졌다는 말은 어울리지 않아. 잠시 쉬고 있을 뿐이야. 너는 긍정적이고 좋은 사람이잖아. 그런 너를 좋아할 사람은 어디에나 있을 거야. 이건 확실해."

S는 한동안 입을 떼지 않았다. 그러나 그의 얼굴엔 전에 없던 안도가 스쳐지나는 듯했다.

S를 떠올린다. 아픔을 겪었지만 착함을 잃지 않았다. 평생 자신의 상처를 숨길 채 살아갈 수도 있었지만, 심연의 이야기를 나누어주었고 내 마음에 작은 경종을 울렸다. 요즘 세상은 집값, 코인, 주식 이야기로 떠들썩하다. 누가 더 벌었는지 누가 얼마나 잃었는지가 삶의 성패를 가르는 척도처럼 여겨진다. 그런데 이상할 만큼 '착하게 산다'는 말은 좀처럼 들리지 않는다. 착하게 산다는 것이 무엇을 뜻하든 이제는 그런 이야기가 아예 대화의 자리에서 사라져버렸다. 그러나 의미가 퇴색되고 가치를 외면받을수록 착함과 배려 같은 내면의 따뜻함은 더욱 귀중해진다.

세상에 존재하는 수많은 S를 열렬히 응원한다. 더 많은 사람들이 선의 가치를 기억하고, 그 가치를 이해하는 미래를 꿈꾼다. 착하다는 것은 손해보는 마음이 아니다. 삶을 더 깊고 풍요롭게 만드는 보물이다. 두 개의 서로 다른 우주를 하나로 잇는 마법이며 자신에게 솔직해지는 과정이다. 앞으로 세상이 어떤 형태로 변화하든, 저만의 형태로 선하게 살아가는 사람들은 늘 존재할 것이다. 그들이야말로 삭막해진 이 사회를 조금 더 밝게 물들일 수 있는 유일한 존재는 아닐까.

그게
뭐시라고

소아과 의사인 H는 진료실에서 인상적인 일을 겪었다. 여느 때처럼 진료를 보던 중, 환자로 온 어린아이의 손바닥에 선명한 손톱 자국이 남아 있는 것이 눈에 들어왔다고 했다. 무슨 일이냐고 묻자 옆에 있던 어머니가 자초지정을 설명해주었다.

아이는 태권도장을 다니는데, 전날 승급 심사가 있었다고 했다. 많이 긴장했는지 온종일 손을 꽉 쥐고 있었다고. 그 이야기를 들은 H는 아이의 반응을 유심히 살폈다. 고개를 푹 숙이고 눈물을 글썽이는 모습에서 승급심사에 떨어졌음을 직감했다. H는 아이에게 부드럽게 말을 건넸다.

"태권도 승급 시험 봤구나. 결과가 마음에 안 들어서 울먹거리는 거야? 이 손톱 자국은 또 뭐고. 괜찮아, 그게 뭐시라고."

순간 아이는 눈을 동그랗게 뜨며 H를 빤히 쳐다보았다. 찰나였지만 진료가 끝난 뒤에도 아이의 눈망울은 그녀의 마음에 오래 남았다. 며칠 뒤, 아이의 어머니는 홀로 병원을 찾았다. 손에는 바삭하고 따뜻한 향기가 가득한 갓 구워낸 빵이 들려 있었다. 어머니는 H에게 고맙다고 했다.

"선생님, 정말 감사해요. 아이가 병원에 다녀온 뒤로 하루 종일 '그게 뭐시라고, 그게 뭐시라고'를 외치더라고요. 승급 심사에 떨어지고 많이 의기소침해 있었는데 선생님 덕분에 털어낸 것 같아요."

그 이야기를 들은 H는 빙그레 웃으며 대답했다.

"제가 한 건 별거 아니에요."

아이에게 태권도 승급 심사는 꽤나 중대한 사건이었을 것이다. 소년의 세상에서는 그 작은 문제가 바다만큼 큰 중량을 차지했을 테니까. 이와 같은 일은 비단 어린이에게만 일어나지는 않는다. 우리 모두는 살아가며 수많은 크고 작은 실패와 상처를 쌓는다. 누군가에게는 별것 아닌 일처럼 보일지라도 당사자에게는 온 우주를 짓누르는 무거운 일처럼 느껴지는 순간이 있다. 중요한 발표 앞에서 말문이 막혔던 날, 애써 준비한 시험에서 낮은 점수를 받았던 날, 누군가가 던진 무심한 말 한마디에 하루가 무너졌던 날까지. 지나고 보면 별일 아니었던 것 같아도 당시에는 그것만이 인생의 전부인냥 마음을 어지럽히기에 충분하다. 그렇기에 우리는 종종 '별것 아닌 일' 앞에서 '별것 있는 척'하며 버티곤 한다. 차가 없다고 초조해하고, 좁은 집에 서운해하고, 혼자인 날에 불안을 느끼지만 그런 날들 속에서도 나름의 균형을 찾아간다. 점차 걷는 걸 즐기게 되고, 좁은 방에 나만의 안정을 느끼며 혼자 떠난 여행에서 예상 못한 자유를 발견한다. 우리 삶을 채우는 건 거창한 성공이나 완벽한 조건이 아니라 너무나도 사소해 보였던 순간들의 연속이다. H의 이야기를 들은 그날 이후, 이름 모를 걱정이 파고들 때면 나지막이 중얼거려 본다. 그게 뭐시라고.

지친 삶은
한줄기 바람처럼

 삶이 한줄기 바람처럼 느껴졌다. 방향을 정하기보다는 그저 흐름에 올라타는 것만이 내가 할 수 있는 유일한 일 같았다. 위험을 감수하고 큰일에 도전하는 건 더이상 쉽게 선택할 수 없었다. 하고 싶은 일은 쉽게 허락되지 않았고 세상은 고상한 일만으로는 먹고살 수 없다는 냉정한 현실을 일깨웠다. 그래서 첫 번째로 나 자신과의 협상을 시작하기로 했다.
 "그래, 나여. 글을 쓰며 생계를 유지하는 건 정말 어렵다. 사업을 할 깜냥은 안 되고, 이름 있는 회사에 들어가기엔 나이도 많아 보인다. 이제는 적당한 월급을 받을 수 있는 현실적인 선택을 해야 해. 최소한 내가 좋아하는 분야에, 작더라도 계속 성장할 수 있는 곳이면 좋겠어."
 이상보다는 현실, 원대한 계획보다는 소박할지라도 실현 가능한 목표가 필요했던 나는 잠시 접어두었던 꿈을 뒤로하고 구직에 열을 올렸다. 몇 번의 도전 끝에 적당한 거리에 연봉도 제법 괜찮은 교육계 회사에 입사하게 되었다. 다행히 적성에도 잘 맞았다. 고객을 상담하는 일도 순조로웠고 차차 일에 적응해갔다. 그러나 얼마 지나지 않아 회사와 나 사이의 거리감이 피부로 느껴졌다. 나에게 회사는 삶의 일부에 지나지 않았지만, 회사는 나에게 전부가 되어주길 바랐다. 예전의 나였다면 어떻게든 해냈을지도 모른지만 '현실과의 타협'을 한 후의 나는 그럴 수 없었다.

회사는 안정된 미래를 보장해주지도 않았고, 노력에 대해 정당한 평가를 내리지도 않았다. 오직 실적과 매출 같은 숫자에만 관심이 있었고 그 외의 노력과 시간과 감정은 철저히 무시됐다. 면접에서는 자기계발을 권장한다더니 막상 입사하고 나니 회사의 성장만을 강요했다. 회사의 입장을 이해하려 애썼지만 일방적인 요구는 신뢰를 쌓지 못한다. 평생 함께하기 위해 필요한 건 약속이 아니라 믿음이다. 월급과 시간으로 맺어진 관계가 더 이상 지켜지지 않을 때, 그 관계는 점점 희미해진다. 나는 점차 돈과 시간의 균형이 필요하다는 걸 깨달았다. 그러던 어느 날, 아버지에게서 전화가 왔다.

"로스쿨에 들어가는 게 어떻겠니?"

"형편도 안 좋은데 무슨 말씀이세요."

"이번에 명예퇴직을 하기로 했다. 빚을 정리하고 나면 힘이 들기야 하겠지만, 지방 로스쿨 정도는 보낼 수 있지 않겠나 싶더라."

마음이 흔들렸지만 정중히 사양했다. 부모님의 노후 자금까지 털어 쓰는 아들이 되고 싶지는 않았다. 그러나 아버지는 회사 앞으로 찾아오시면서까지 나를 설득했다. 한참 동안 아버지의 말을 듣다 보니 마음 한편에서는 부모님의 지원과 로스쿨의 장학금이 있다면 다시 한번 인생을 걸어봐도 괜찮겠다는 생각도 들었다. 직장을 오래 다닌다 한들 급여나 처우가 큰 폭으로 오를 것 같지도 않았고, 시간적 여유를 갖기는 더욱 어려워 보였다. 아버지가 다녀가신 후, 몇 날 며칠을 고민에 휩싸여 지냈다. 그러던 중에 직장동료 한 명이 아주 사소한 이유로 퇴직을 통보받았다. 그 모습을 보며 나도 결단을 내려야겠다고 생각했다. 아버지는 더 늦기 전에 본가로 내려오라고 하셨고, 일주일 뒤쯤 직장을 정리하고 고향으로 내려갔다.

예전에 봤던 LEET(법학적성시험) 성적이 나쁘지 않아 지방 로스쿨 입학은 가능할 것 같았지만 마음이 퍽 무거웠다. 나는 큰 욕심이 없는 사람인데 부모님의 기대와 현실의 무게가 내 등을 떠밀어 좁고 긴 산길을 오르게 하는 느낌이었다. 두려움보다는 정말 이럴 수밖에 없는 걸까 하는 의문이 더 컸다. 본가에 짐을 옮

긴 뒤에도 박스를 다 풀지 못했다. 하나둘 정리를 하던 중 아버지가 방에 들어오셨다. 형광등 불빛 아래 그의 얼굴에는 짙은 그림자가 드리워져 있었다. 단단히 굳은 표정은 무언가를 결심한 듯했다. 아버지는 한동안 침묵하셨다. 개구리가 뛰기 위해 몸을 움츠리는 것처럼 긴 침묵은 오히려 말보다 많은 것을 전했다.

"안 될 것 같구나. 퇴직금을 받고 다시 계산해보니 빚이 너무 많더라. 서울로 다시 올라가야 할 것 같다."

흔한 예능 프로그램이었다면 갑자기 어머니가 들어와 "서프라이즈"를 외쳤겠지만 리얼리즘 그 자체였던 내 삶엔 창문 사이로 들어오는 바람 소리만이 채워질 뿐이었다.

부모님을 원망하지 않았다. 이 나이가 되도록 온전한 독립을 하지 못한 내 문제였다. 이미 던진 사표를 다시 사장님께 돌려달라 할 수도 없었다. 너무 늦어버렸다. 박스에 덕지덕지 붙은 노란 테이프를 뜯던 손을 멈추고, 아버지께는 애써 괜찮다고 말씀드렸다. 또다시 잠들지 못하는 밤이 찾아왔다. 마치 반복되는 악몽 속에 갇힌 것만 같았다. 나아가는 길 위에서 방향을 잃은 채 나는 조용히 앉아만 있었다.

때로는 어리석은
지혜로움으로

"제정신이가?"

형이 날카롭게 물었다. 내가 전세 자금으로 모아둔 6천만 원 가량을 모조리 독서모임에 써버렸다는 말을 한 직후였다. 형의 목소리에는 놀라움과 불안이 고스란히 담겨 있었다. 그도 그럴 것이 나는 매사에 신중한 사람이었다. 물건 하나를 살 때에도 수십 번을 고민했고, 누군가에게 조언을 건넬 때에도 서두르지 않았다. 혹여나 누군가의 마음이 나로 인해 한번 더 상처받진 않을까 하는 염려 때문이었다. 그런데 그날, 나의 일부가 무너져내렸다.

해운대에 내려와 살기 시작한 이후 비슷한 하루하루가 반복되었다. 한정된 인간관계와 데칼코마니 같은 일상이 이어지자 마음속 깊은 곳에서는 일탈을 향한 강한 욕망이 피어올랐다. 대다수의 시간을 방 안에서만 보내던 나는 그 안락함마저 갑갑해하고 있었다. 탈출구가 필요했다. 독서모임에 나가볼까 싶어 이곳저곳을 뒤져보았지만 와인 동호회나 영화 모임 같은 친목성 모임만 가득했다.

나는 소심한 사람이어서 평소 같았으면 독서모임이 없다는 사실을 안타까워만 하다가 '어쩔 수 없지 뭐'라는 아쉬움으로 스스로를 달랬을 것이다. 그런데 그날은 달랐다. 모임의 주최자가 되어보자는 충동이 일었고, 순식간에 '해운대 독서살롱'이라는 이름의 단체 채팅방을 만들었다. 보는 사람도 없는데 왠지 낯이 뜨거워졌고, 손끝은 미세하게 떨렸다. 그럼에도 마음 한 구석에서는 오랜만에 느껴보는 설렘이 피어올랐다.

다음 날, 동네 카페에서 책 이야기를 나눌 사람을 모집한다는 공지를 올렸다. 최소 인원은 4명. 그러나 채팅방엔 사람 하나 들어오지 않았다. 주식이나 코인 광고를 올린 뒤 사라지는 이들만 몇 명 지나갔다. 그런데 모임 당일 1시간 전, 거짓말처럼 세 명이 채팅방에 들어왔다. 나는 약속한 카페로 향했다. 오래된 가구들로 채워진 작은 공간이었지만 그날따라 유독 아늑했다.

자리에 앉자 이성이 깨어났다. 아득했던 정신이 돌아왔고, 계획도 없이 일을 벌인 스스로가 원망스러웠다. 그때, 덩치 큰 남자 한 명이 들어와 조심스레 착석했다. 그는 노트북을 꺼내 펼

쳤고 나는 먼저 인사를 건넸다. 떨리는 목소리를 숨기려 애썼지만 쉽지 않았다. 상대도 어색한 목소리로 화답했다. 우리 둘의 긴장은 고스란히 대화에 묻어났다. 얼마 지나지 않아 또 다른 이가 들어왔다. 그는 밝은 인사와 함께 공간을 환하게 채웠다.

"안녕하세요. 부산은 처음인데, 이곳이 참 마음에 들어요. 바다도 아름답고 사람들도 친절해요. 아, 죄송해요. 책 이야기를 해야 하는데 자꾸 딴 얘기만 하네요."

그렇게 시작된 첫 모임은 생각보다 담담하게 흘러갔다. 특별한 감정도 극적인 인상도 없었다. 각자가 읽은 책에 대해 이야기하고 약간의 의견을 나눴으며 주문한 음료를 마셨을 뿐이다. 그러는 동안 긴 시간 공허했던 마음 한 조각이 서서히 채워지고 있음을 느낄 수 있었다. 어제의 불안이 오늘의 여유로움으로 변해가고 있었다.

2019년 봄에 시작된 우리의 모임은 현재까지도 이어져오고 있다. 처음에는 우연처럼 시작된 만남이 내 삶의 한 축을 이룰 거라고는 상상조차 못했다. 어쩌면 우연은 신이 사용하는 가장 섬세한 붓놀림인지도 모른다. 인연이란 애써 찾으려 하면 보이지 않다가도 문득 스쳐가는 순간에 자연스레 다가오곤 한다.

첫 만남을 가졌던 그 카페는 이후 우리가 정기적으로 모이는 단골 장소가 되었다. 시간이 흐를수록 그 공간은 독서모임을 하기에 가장 적합한 곳이라는 확신이 들었다.

 사람들과 함께 책을 읽고 이야기를 나누는 시간이 쌓이면서 멀게만 느껴졌던 마음의 평화를 찾아갈 수 있었다. 삶의 그림자였던 직장 스트레스도 독서모임을 거듭할수록 사그라들었다. 모여서 이야기를 나누다 보면 크게만 느껴졌던 고민이 조금은 사소해졌다. 책은 언제나 새롭고 사람들은 따뜻했다. 힘든 하루가 따뜻한 대화로 마무리될 수 있다는 사실이 얼마나 위안이 되는지 모른다. 그런데 어느 날, 카페 사장님이 조심스럽게 말을 꺼냈다.

 "죄송한데, 다음 달부터는 공간 사용이 어려울 것 같아요."
 "무슨 일 있으세요?"
 사장님은 고개를 숙이며 말했다.
 "장사가 안 돼서 더는 버티기가 힘들어요."

 회원들은 이제 어디서 모이냐며 걱정했다. 나는 다음 장소를 찾아보겠다고 했지만 속으로는 초조함이 몰려들었다. 해운대 골목골목을 돌아다녔지만 적당한 공간을 찾을 수 없었다. 그러던 중 문득 어린 시절 꿈꿨던 아지트가 떠올랐다. 최근에는 집이나 특정 공간을 빌려서 함께 노는 문화도 있다던데 나도 한번 해볼까 싶은 생각이 스쳤다. 그렇게 저금통까지 탈탈 털어 '살롱하우스'라는 공간을 마련하게 되었다.

 누군가 보기엔 대단한 열정처럼 보일지 모르지만, 실상은 불타는 열정보다는 계란을 품는 암탉의 온기처럼 조용하고 꾸준한 감정에 더 가까웠다. 어쩌면 그런 온기를 오래전부터 그리워하고 있었는지도 모른다.

이제 살롱하우스는 내 삶에서 빼놓을 수 없는 공간이 되었다. 한 달에 한 번 정기 모임이 열리는 날이면 해리단길 끝자락에 위치한 이 아지트를 찾는다. 집을 나와 40번 버스를 타고, 번화한 대로를 지나 인적 드문 골목으로 접어든다. 버스에서 내리면 빛바랜 노란색의 오래된 아파트가 보인다. 그곳의 계단을 오르며 숨이 차오를수록 마음은 차분해진다.

문 앞에 붙은 '해운대 독서살롱'이라는 작은 글씨를 볼 때면, 이곳이 내가 만든 작은 세계라는 사실이 새삼 낯설고도 벅차다. 문을 열면 오래된 책 냄새와 커피 향이 뒤섞인 익숙한 공기가 나를 반긴다. 흰 책장이 빼곡한 방 안에는 우리가 함께 읽은 책들이 가지런히 꽂혀 있다. 직접 고른 낡은 책상 열두 개가 거실에 정갈하게 놓여 있고, 모임이 시작되기 전이면 언제나 그 자리를 닦고 정돈한다. 빈 공간을 채우는 피아노 연주나 잔잔한 재즈 음악, 손에 들린 따뜻한 커피 한 잔. 그 고요한 순간 속에서 세상이 멈춘 듯한 평온을 느낀다. 때로는 모임을 준비하는 시간이 더 소중하고 애틋하다.

하루는 한 회원이 내게 물었다.

"요즘 책에도 행복 이야기가 자주 나오잖아요. 형은 행복을 뭐라고 생각해요?"

나는 잠시 생각에 잠긴 뒤 천천히 대답했다.

"예전에는 행복이란 막연히 강렬한 색으로 삶을 물들이는 거라고 생각했어요."

회원은 고개를 끄덕이며 그럼 지금은 어떻냐고 다시 물었다. 나는 조용히 웃으며 말했다.

"지금은 맑은 수면 위에 잔잔히 이는 물결 같은 거요. 특별한 색을 칠하는 게 아니라 평범한 일상 속에서 조금씩 번져나오는 감정이요. 크고 극적인 마음보다는, 작고 조용한 흔적들이 쌓여서 결국 나를 바꾸는 그런 것 말이에요."

현명하게 살고 싶었다. 탈무드의 현자들처럼 이성적이고 신중하며 실수하지 않는 삶. 그러나 이제는 안다. 때로는 충동적인 선택이 인생을 더 따뜻하게 만든다는 것을. 해운대독서살롱의 시작도 살롱하우스의 탄생도 모두 완벽한 계획이 아닌 순간의 감정이었다. 하지만 그것들은 내 삶을 가장 충실하게 채운 결정이 되었다. 때로는 계산보다 감정이 먼저일 수 있다. 하루쯤은 충동에 기대어 살아보는 것도 괜찮지 않을까.

좋아하던 사람에게 용기를 내어 말을 걸거나 무작정 버스를 타고 어딘가로 떠나는 일. 길가에서 문득 눈에 들어온 꽃을 사서 소중한 사람에게 건네는 일 같은 것 말이다. 혹여라도 누가 이유를 묻는다면, 그냥 하고 싶었다고 말하면 된다.

월급에
만족하시나요

"공무원이 되는 게 인생을 망치는 겁니까?"

업무 회의 도중 갑자기 팀장이 얼굴을 붉히며 말했다. 난데없이 다른 이야기를 해서 미안하지만 본인이 잘못 생각하고 있는 것이냐고 재차 물었다.

팀장에게는 취준생 아들이 하나 있다. 이야기를 들어본즉 아르바이트도 하지 않고 집에서 빈둥대기만 하는 아들에게 공무원 준비나 하라고 말했더니 팀장의 아들은 무슨 그런 이야기를 하냐며 펄쩍뛰었단다. 하물며 옆에 있던 아내도 과일을 깎다 말고 "아이 인생 망칠 일 있냐"며 타박했다고.

몇 해 전부터 언론에서는 공무원의 인기가 예전만 못하다고 말한다. 현직에 있는 나 역시 뼈저리게 체감 중이다. 하루는 막역하게 지내오던 타 부서 직원이 커피를 두 잔 들고와서는 잠시 이야기나 하자며 나를 찾아온 일이 있었다. 점심식사 후 은근하게 몰려오는 졸음에 집중력이 떨어지고 있던 찰나라 괜히 반가웠다.

"무슨 일로 이 시간에 다 찾아왔어?"

그는 각진 턱을 다물고 빨대로 커피를 한 모금 깊게 마시고 나서야 본론으로 들어갔다.

"저 다음 주에 의원면직(퇴사) 합니다."

워낙 밝은데다가 근면 성실했던 직원이라 처음엔 농담인가 했다. 그러나 어느 때보다 차갑고 진지한 눈빛은 결코 거짓이 아님을 확인시켜주었다.

"왜 옷을 벗으려고 하는 거야?"

그는 엄지와 검지를 동그랗게 접으며 말했다.

"돈 때문이죠. 자식도 키워야 하잖아요. 저는 괜찮은데 아이들까지 하고 싶은 것도 못하면서 살면 불쌍하잖아요. 형은 월급이 충분해요?"

소싯적에는 법정스님의 『무소유』도 여러 번 읽었고, 최근에는 자연에서의 자발적 고독과 단조로운 삶을 통해 진정 가치가 있는 것은 무엇인지를 탐구한 데이비드 소로의 『월든』도 탐독했다. 내 마음속에는 산속 절의 고즈넉한 삶도 있고, 자연 속 청빈한 삶에 대한 동경도 있음을 의미할 테다. 그러나 월급에 대한 체감과 만족도는 오롯이 '나'의 삶이 아닌 타인과 세상과의 비교를 통해 평가되고 느끼는 게 현실이다.

"알바를 해도 이것보다 많이 받는다."
 공무원들이 입버릇처럼 뱉는 자조 섞인 말이다. 월급은 상대적이고 그 비교에서 나오는 박탈감은 절대적이다. 대한민국의 삶의 질은 올라갔는데 나만 그것을 누릴 수 없다면 이보다 더 우울한 일도 없다. 혼자 살고 있는 나 역시도 노후를 생각하면 숨이 턱 막히는데 자식을 둘이나 둔 후배는 오죽하랴.
 "나가서 무슨 일을 할 건데?"
 "고향에 내려가서 과수원을 하려고요. 오래 전부터 부모님이 제 월급만으로 어떻게 애들까지 먹고사냐며 고향으로 내려오라고 말씀하시곤 했거든요. 결심이 뒤늦게 선 것뿐이에요."
 생각해 보니 얼마 전에는 무인 아이스크림 가게 창업을 위해 주변 상권을 열심히 분석하던 후배도 있었다. 낮아지는 공무원 시험 경쟁률, 높아지는 신규 직원들의 퇴사율은 더이상 새롭지 않다. 그러나 평점 1점대의 식당도 방문하는 소수가 있듯 공직 생활을 만족해하는 공무원도 존재한다.

 자리에 돌아와 공문을 확인하려고 메일함을 열어 보니 설문 협조를 요한다는 제목이 눈길을 끌었다. 신규 직원 이탈에 대한 문제 개선을 위한 실태조사였다. 상부에서도 현실을 인지하고 있고, 심각하게 받아들이고 있다는 의미일 것이다. 다시금 월급이 충분하냐는 후배의 물음이 떠올랐다.

사실 나는 250만 원이라는 월급에 제법 만족하며 살아가고 있다. 누군가에게는 적은 금액일지 몰라도, 내 삶을 꾸려나가기에는 나쁘지 않다. 여기서의 '만족'이란 '충분하다'는 의미보다는 '감사하다'는 감정으로 이해해주면 좋겠다. 작은 철밥통일지라도 그 속에 일용할 양식이 있다면 얼마나 감사한 일인가. 아이러니하게도 사람의 욕심은 먼지 같아서 가만히 두면 어느새 커다란 먼지 뭉치가 되어버리지만, 무언가에 감사함을 느끼는 마음은 잠시만 방심해도 쉽게 증발해버린다. 그래서 나는 욕심을 키우기보다, 사라지기 쉬운 감사를 끊임없이 채워 넣으려 애쓰고 있다. 물론 '충분'과 '감사'가 언제나 양립할 수 있는 감정은 아니다. 매달 정해진 날에 정해진 월급을 받는 것은 감사하지만, 그 액수가 충분하냐는 것은 별개의 문제니까. 그렇다면 왜 나는 후배는 우리는 월급날 콧노래를 부를 수 없게 된 것일까.

어르신들은 요즘 젊은이들의 해외여행, 명품 같은 과소비를 주된 문제로 꼽고, 경제학자들은 부동산 폭등으로 인한 급격한 인플레이션을 그 원인으로 말한다. 그러나 후배와 나의 친형만 보아도 자식을 가진 이후로는 더 열심히 일한다. 본인의 옷이나

기호품까지 줄여가며 자식을 키운다. 그럴 때면 어머니는 "너희 형은 아이에게 너무 지극 정성이다. 아이를 키우는 게 아니라 모시고 산다"며 혀를 차곤 하신다.

등하교 라이딩, 위치 추적 앱 상시 확인, 또래 문제 선제 개입 등 노년에 접어든 세대에게는 요즘 부모들의 자녀 양육이 다소 과하다고 느껴질 수도 있다. 그러나 그들이 부모였던 시절에는 경제 수준이 월등히 낮았고, 대다수의 부모에게는 먹고사는 문제가 급선무였다. 오늘날처럼 자녀를 돌보는 데 많은 시간을 쏟을 수 없었다. 하지만 지금은 다르다. 경제가 급속도로 발전했고, 그에 따라 삶의 질 또한 상승해 자녀 양육의 기준도 올라갔다. 과거에는 형편이 어려우면 어려운 대로 자식을 키웠지만, 모든 것이 공유되는 현대사회에서는 자식이 상대적 박탈감을 느끼며 뒤처지길 원치 않는다. 당장 오늘 대화를 나눈 후배만 봐도 그가 싱글이었다면 퇴사를 결심하진 않았을 테니.

해가 갈수록 빈부 격차가 심화되고 있다. 과거처럼 타인에 대해 적당히 모른 채로 지낼 수 있었던 시절이 오히려 축복이었을지도 모른다. 교육 수준이 높아지고, 투명한 정보들이 사방에 넘쳐나는 현재, 우리는 '나'의 월급이 자리하는 상대적 위치를 너무나도 잘 알게 되었다. 더이상 합리화할 수 없는 수준에 이르렀고, 어느 나이와 어느 연차 정도면 어느 수준의 월급이 평균인지 냉정하게 파악할 수 있게 되었다. 순리를 따라가기 위해 현실을 직시하게 되었고, 이는 우리로 하여금 경제적 위축을 느끼게 한다. 나는 경제학자도, 사회현상에 관심이 남다른 사람도 아니지만 앞선 관점에서 바라보면 자녀를 둔 두 사람의 결심과 인생을 조금 더 따뜻하게 바라볼 이해가 구해진다.

 최근 읽은 책에서는 적은 월급에 대한 불만을 해결하는 방법으로 다음 두 가지를 제시했다. 가진 것을 늘리거나, 욕망을 줄이거나. 하지만 현실적으로는 당장의 수입을 늘리기도 어렵고, 가지고 있는 욕망도 쉽게 삭제할 수 없다. 그러나 자세히 들여다보면 마음속 욕심과 욕망은 오롯이 '나'만의 것이 아닐 수도 있다. 각종 미디어와 타인과의 관계 속에서 만들어진 허상일 가능성을 늘 염두에 두어야 한다. 인플루언서의 극찬 속 광고에 구매한 물건도 막상 내 것이 된 이후에는 쳐다보지도 않게 되는 것처럼 말이다.
 살다 보면 내 능력이 부족하다고 느껴지는 순간도, 삶이 시련만 주는 것 같은 순간도 있기 마련이다. 나는 그럴 때면 한 손에는 현실을 직시하는 시야를, 다른 손에는 그 안에서 희망을 찾는 지혜를 가져 보려 노력한다. 이것이 마법 같은 해결책은 아니다. 앞으로도 돈은 늘 부족할 것이고, 물가는 치솟을 것이며, 세상은 점점 더 복잡해질 것이다. 그러나 우리는 경제적 수치로만 평가되어야 살아갈 수 있는 존재가 아니다. 진정한 삶의 가치는 내가 세상을 어떻게 바라보고 어떤 태도로 살아가는가에 달려 있다. 성장하는 법을 계속해서 고민하고 현실적인 문제를 찾아가보자. 때로는 부족함에서 보이는 작은 깨달음이 필요하다. 나무는 가지가 비어야 새가 깃들고, 하늘은 구름이 흘러야 더 넓게 느껴진다. 우리의 부족함도 그렇다. 여백은 사랑이 머무는 자리이며 통찰이 흘러드는 길이다. 그런 믿음으로 살아간다면 내일은 오늘보다 밝게, 어제보다 따스하게 떠오르는 태양을 맞이할 수 있을 것이다.

사이보그가
되고 싶어요

 어릴 적 내 꿈은 사이보그가 되는 것이었다. 당시 즐겨 보던 만화 〈우주 손오공〉의 주인공인 손오공은 사이보그였다. 그가 우주를 누비며 싸우는 모습은 어린 내게 깊은 감명을 주었고, 그 이후로는 매일같이 사이보그가 되는 상상을 했다. 오래된 사진 속 나는 늘 손오공 장난감을 쥐고 있었다. 빛이 바래고 초점마저 흐릿해졌지만, 장난감을 쥔 손만큼은 선명하다. 가끔 아버지와 단둘이 외출할 일이 생길 때에도 우리 부자를 배웅해주시던 어머니에게 이런 인사를 하곤 했다.
 "나 사이보그가 되어서 돌아올게요. 안녕!"
 그럴 때마다 어머니는 장난처럼 타이르셨다.
 "그런 말 하는 거 아니야. 로봇이 된다니."
 그러면 나는 잽싸게 정정하곤 했다.
 "로봇이 아니라 사이보그야!"

그땐 왜 어머니가 로봇과 사이보그의 차이를 모르는지 도무지 이해할 수 없었다. 지금 와 생각해 보면 외출할 때마다 사이보그가 되어 돌아오겠다는 아이를 둔 어머니의 당황스러움이 조금은 짐작된다. 네다섯 살 무렵의 나는 늘 행복에 젖어 있었다. 그 당시 유행했던 손오공 만화를 떠올리는 것만으로도 이미 사이보그가 되어 우주를 날아다니기에 충분했다.

  세월이 흘렀다. 내 꿈은 변호사가 되었다. 사법고시만이 인생의 정답이었던 시절, 누군가 내게 변호사가 되려는 이유를 물을 때면 "법이 재미있어서요"라고 말하고는 멋쩍게 웃곤 했다. 그러나 사이보그가 되겠다고 마음먹었을 때처럼 순수한 열망은 아니었다. 법이 재미있기는 했으나 그건 0.1%의 이유에 불과했고, 나머지 99.9%엔 성공에 대한 욕망이 서려 있었다.

  시간이 조금 더 흘렀다. 이제는 큰 욕심 없이 지낸다. 가족이나 지인이 선물을 해주겠다며 갖고 싶은 걸 말해보라고 해도 크게 떠오르는 게 없을 만큼. 필요한 게 생기면 알려주겠노라 말한 지도 2년이 더 지났다. 여전히 무엇 하나 떠오르지 않는다. 젊은 날에는 의욕도 넘치고, 이루고 싶은 것도 많아서 그런지 꿈의 가동 범위가 훨씬 더 넓었다. 그래서일까. 그땐 뭐든 갖고 싶었고 되고 싶었고 이뤄내고 싶었다. 나만 속물 같은 마음을 지녔던 건가 생각했다. 그런데 얼마 전 유튜브를 보니 다들 나와 비슷한 마음으로 살아가는 것 같았다.

　기자가 한 남자에게 물었다. 아무 일도 하지 않고 매달 150만 원을 받는 것과, 지금처럼 직장을 다니면서 400만 원을 받는 것 중 한 가지를 골라야 한다면 어떤 선택을 하겠느냐고. 남자는 망설임 없이 현재의 삶을 택했다. 지금 하는 일이 그의 꿈이었다는 멋진 멘트도 잊지 않았다. 기자는 거기서 멈추지 않았다. 이번엔 조건을 살짝 바꿔 매달 300만 원의 불로소득이 생긴다고 해도 일을 계속하겠느냐는 질문을 했다. 그러자 남자는 활짝 웃으며, 300만 원을 선택하겠다고 했다. 꿈도 좋지만 숫자로 표현되는 현실은 무섭도록 사람을 솔직하게 만든다.

　세월이 흐르면서 알게 된 것은 나는 욕심이 없는 사람이 아니라, 욕심을 가늠하는 법을 알고 있는 사람이라는 것이다. 한때는 변호사가 되는 것이 인생의 가치라 믿었다. 사법고시만 붙으면 인생이 달라질 거라 생각하며 몇 년을 매달렸다. 그러나 현실은 이상과는 달랐다. 여러 시행착오 끝에 지금은 말단 공무원으로 일하고 있다. 화려하진 않아도 조용하고 안정적인 삶이다. 매달 들어오는 월급, 칼 같이 끝나는 퇴근, 단조로운 일상까지. 이젠 그조차 감사한 일이라고 생각하며 살지만 가끔은 스스로에게 이런 질문을 던진다.

"경제적 자유가 주어진다면, 이 일을 계속할까?"

내 대답은 언제나 같다. 절대 아니올시다! 복권에 당첨된다면 웃통 정도는 기꺼이 벗고 거리 한복판을 달릴 수 있을 만큼 현재의 직업은 생계를 위한 일이다. 괜찮지만 좋아서 하는 건 아니다. 그러다 문득 '그럼 정말 좋아하는 건 뭘까?' 하고 돌아보면 언제나 글쓰는 것만이 남아 있다. 아무도 읽지 않는 글. 돈이 되지도 않는 글. 그런데도 나는 글쓰기를 멈출 수 없다. 어제도 썼고 그저께도 썼고 한 달 전에도 썼다.

퇴근 후 피곤한 몸을 이끌고 책상 앞에 앉아 머리를 싸매고 한참을 망설이다가도 결국 다시 쓴다. 말도 안 되는 판타지 소설, 단편 소설, 수필, 잡문들까지. 누구에게도 보여주지 않은 글이 수두룩하다. 그래도 쓴다. 쓰고 나면, 쓰다 보면 어쩐지 조금은 살아 있는 느낌이 든다. 꿈이 아니라면 설명할 수 없는 우주가 되어버린 셈이다. 수백 톤의 황금이 생긴다 해도 글쓰기를 멈추지 않을 것이다. 아마 그것이 내 꿈의 무게일 테다. 거창한 건 없다. 오늘도 초라한 문장들이 지렁이처럼 꿈틀거리며 화면을 채울 뿐이다. 글이 없는 내 삶은 따분할 것이다. 그래서 나는 오늘도 읽는 이 하나 없는 문장들을 계속해서 쓴다. 누가 알아주지 않아도 괜찮다. 문자와 사색이 만들어낸 고요한 숲에서 나를 다시 일깨우는 것, 그것만으로도 충분하기에.

최선을 다하기
위한 신조

두려움의 나이는 여섯 살쯤 되는 듯싶다. 손에 있는 것을 억지로 뺏으러 들면 울고불고 악을 쓴다. 조용히 품에 안고 있으면 편히 잠에 든다. 인생의 지혜는 쌓지 못한 채 마냥 젊기만 했던 시절, 나는 두려움과 지독히도 싸웠다. '열심히 공부했는데 결과가 좋지 못하면 어쩌지'와 같은 나약함을 이겨내려고만 했다. 용기가 없어 결과를 피하기에 급급했다. 그래서일까, 가끔은 진짜 강한 사람은 자신의 패배까지 기꺼이 받아들이는 사람일지도 모르겠다는 생각이 든다.

1995년 남아프리카공화국에서 럭비월드컵이 열렸을 때, 넬슨 만델라는 대통령이었다. 그는 오랜 세월을 백인 정권에 맞서 싸웠다. 젊은 시절 반(反)인종차별 운동을 이끈 죄목으로 27년을 감옥에서 보내야 했다. 그러나 만델라는 오랜 투쟁 끝에 대통령이 되었다. 충분히 복수를 할 수 있었고, 그에게는 그러한 권력도 주어졌다. 하지만 럭비 결승전이 있던 그해, 만델라는 예상 밖의 모습을 보였다. 당시 남아공 대표팀 '스프링복스'는 백인들의 상징이었고, 그 때문에 흑인들은 그 팀이 패배하길 바랐다. 그러나 만델라는 스프링복스의 유니폼을 입고 경기장에 나타났고, 경기가 끝나자 기꺼이 그들에게 트로피를 건넸다. 자신을 억압했던 자들에게 웃으며 축하를 건넸다. 그 모습을 본 백인 관중들은 눈물을 흘렸고, 흑인들은 충격에 휩싸였다. 만델라는 누구보다 고통받았지만 누구보다 관대했다. 그는 진짜 강함이란 상대의 승리 앞에서도 무너지지 않는 마음이라는 것을 온몸으로 보여주었다.

그 장면을 떠올리면 멈칫하게 된다. 만델라는 자신 안의 두려움과 복수심, 실패와 분노까지도 함께 끌어안았을 것이다. 나였다면 과연 그럴 수 있었을까. 아니다. 지금의 나는 내 실패조차 온전히 마주하지 못한다. 어쩌면 진짜 용기란 조용히 자신을 넘는 일인지도 모른다.

이 이야기를 며칠 전에 만난 사촌동생에게도 해주었다. 동생은 2년 전에 대학을 졸업하고, 다시 고향으로 돌아가 임용고시를 준비하고 있었다. 얼마 전, 이모 집에 다녀온 어머니는 동생이 마른 나뭇가지처럼 앙상해졌다고 했다. 심지어 손가락 끝에 피가 고여 시험이 끝나면 수술도 해야 한다고 했다. 안쓰러운 마음에 공부가 힘들지 않냐고 물었다. 동생은 괜찮다며 잘 지낸다고 말했지만, 목소리에는 힘이 없었다.

"오빠는 공부 오랫동안 했잖아. 나 무서워서 공부가 잘 안 돼. 열심히 했는데 시험에서 떨어지면 어떡해?"

부끄러운지 작은 목소리로 물었다.

나는 동생에게 말했다.

"열심히 했는데도 떨어지면 뭐 어쩌긴. 떨어지면 되지."

동생은 그게 뭐냐고 장난치듯 나를 나무랐지만 목소리는 한결 가벼워진 것 같았다.

우리는 일어나지도 않은 일을 서둘러 걱정하는 경향이 있다. 무언가에 최선을 다했지만, 그럼에도 뜻대로 되지 않는다면 멈추는 것 또한 삶의 일부로 받아들일 줄 알아야 한다. 인생은 반드시 성취를 해내야만 완성되는 것은 아니다. 삶은 수없이 얽히고 갈라지는 지하철 노선과 닮아 있다. 잠시 돌아가는 듯 보여도 결국은 종착지로 가게 되어 있으며, 속도가 다소 느리고 복잡하더라도 모든 순간에는 의미가 있다.

나 역시 한때는 멀리 돌아가는 시간을 실패라 느껴졌지만, 돌이켜보면 그것은 나를 보호하는 우회로가 되어주었다. 생각지 못한 방향이었을 뿐 잘못된 길은 아니었다. 그러니 지금 걷고 있는 길이 조금 낯설고 멀게 느껴진다 해도 그 자체로 괜찮은 삶이며, 그 속에서 미지의 여정을 펼쳐가는 것 또한 의미있는 일이다. 목표에 이르는 방식이 다를 뿐 그 도착은 여전히 유효하며, 조금 먼 길이라 해도 그 길은 나만의 시간으로 채워질 것이다.

회식의 늪

 오후 9시쯤 되면 나른한 졸음이 밀려온다. 오래 전 나의 모친은 착한 아이가 되려면 일찍 자야 한다고 말씀하시곤 했는데, 그 말대로라면 나는 마흔이 넘은 지금도 착한 아이인 셈이다. 이러한 수면 패턴 탓에 밤에 온 연락은 다음날이나 돼야 확인을 하게 된다. 기상과 동시에 본 핸드폰에는 친구에게서 온 메시지 한 통이 있었다. 지금은 서로 다른 부서에서 일하지만 우리에게는 '나이가 많은 팀 막내'라는 깊은 유대감이 있다.
 친구로부터 온 메시지는 평소와 달리 제법 길었다. 남자들의 대화는 보통 짧고 간결하다. 언제, 어디, 거기서. 이 세 마디면 충분한 법이거늘 어쩐 일인지 장문이었다. 할 말이 많다는 건 고민이 깊다는 뜻일지도 모르기에 빼곡한 텍스트를 천천히 읽어나갔다. 요지는 팀원들이 자꾸만 회식에 불러서 불편하다는 것이었다. 한 번은 참석을 거절했지만 막상 말을 꺼내고 나니 마음이 편치 않다고 했다. 나는 괜찮다고 잘했다고 답했지만 며칠 뒤 사내에서 마주친 그는 늙은 낙타처럼 등을 잔뜩 구부린 채 천천히 걷고 있었다.

얼마 안 가 내게도 회식 일정이 생겼다. 정기 인사 시즌이라 부서 전체가 모이는 자리였다. 나는 원래 사람 눈을 잘 마주치지 못하는데 그 때문인지는 몰라도 다수보다는 소수의 자리가 편했고, 가끔은 혼자 있는 쪽을 더 선호했다.

회식을 가면 상사들은 늘 "편하게 놀아"라고 말한다. 그 말 한마디에도 불편함이 숨어 있다는 걸 알면서도 애써 웃는다. 쓴웃음을 숨기고 술잔을 채우느라 정신이 없다. 몸은 사람들 쪽으로 기울어져 있지만, 마음은 점점 안으로 움츠러든다.

나는 평생을 누군가의 기대에 맞춰 살아왔다. 부모님의 바람대로 국문학 대신 법학을 전공했고, 학교에서도 밖에서 뛰어노는 대신 선생님을 도와 교실 정리를 도맡곤 했다. 다소 수동적으로 살아온 지난 삶에 대한 보상심리가 뒤늦게나마 발동했는지 이제라도 좀 자유롭게 살고 싶다는 생각을 최근부터 계속 해오게 되었다. 무책임하게 살겠다는 말은 아니다. 타인의 시선을 벗어나 오롯한 '나'로 살고 싶어졌다. 그러나 평생의 모습을 단숨에 바꿀 수는 없는 노릇이어서 여전히 주변인들의 눈치를 보고, 그들의 말과 행동에 신경을 쓰곤 했다. 이러한 모습은 스스로도 가여운 것이었으나 타인의 기대를 충족시키기 위해 나를 포기하는 게 나였다. 그러나 더이상은 전과 같은 삶을 반복하고 싶지 않았기에 이번 회식은 참석하지 않기로 했다.

다음 날, 출근 길에 다시 한번 이 결심을 굳혔다. 아침 조회 후 동료들과 복도를 걷자, 자연스럽게 회식 이야기가 나왔다. 한 직원은 기다렸다는 듯이 내게 회식에 참석하는지 물어보았다.
"저는 시간이 안 돼서 못 갈 것 같은데, 괜찮죠?"
이는 괜찮지 않더라도 괜찮다고 말해 달라는 암묵적 사인이었다. 스스로는 회식에 가지 않을 결정을 내렸지만, 마음의 평온을 위해 누군가의 괜찮다는 대답이 꼭 필요했다.
"당연히 괜찮죠. 요즘 누가 그런 걸 신경써요. 다들 자기 하고 싶은 대로 하는 세상이잖아요."
한여름의 냉수처럼 시원한 답이었다. 그간 너무 심각하게만 받아들이고 있었던 건 아닌가 하는 생각에 멋쩍은 웃음이 났다. 마음이 한결 가벼워지자 동료들의 회식 참석 여부를 물어볼 여유가 생겼다. 동료 A와 B를 포함해 대다수의 직원들은 나와 비슷한 이유로 불참할 예정이라고 했다. 이런 믿음직스러운 동료들이 다 있나. 이것이 사회에서 느끼는 전우애라 생각했다. 사무실에 들어가니 팀장이 기다리고 있었다. 팀장은 눈을 멀뚱 뜨고 있는 나에게 회식 참석 여부를 물었다.

"저는 집도 너무 멀고 이번에는 못 갈 것 같습니다."

내가 입을 떼자마자, 신뢰할 수 있던 동료 A가 물었다.

"팀장님은 회식에 가십니까?"

"나는 당연히 가야지."

서 있던 직원들은 멈칫거렸고, 순식간에 묘한 분위기가 형성됐다. 팀장은 잠시 동료들을 둘러보며 미소를 지었다. 그 미소는 결코 가볍지 않은 압박감을 주었다.

"자네는 어떤가?"

함께 불참하기로 했던 A는 무슨 그런 당연한 질문을 하냐는 듯 답했다.

"당연히 가야죠. 오랜만에 전체 회식이라 너무 좋습니다."

뭐지. 무슨 상황이지. 내가 정신을 차리기도 전, 나와 함께하기로 했던 동료들은 A를 시작으로 하나하나 떠나갔다.

"저도 갑니다!"

"저도 가야죠!"

"요즘 너무 회식이 없습니다. 자주 좀 했으면 좋겠어요(나에게 모임 자체가 싫다던 동료의 대답이었다)."

결국 나 빼고 모두 참석한단다. 오히려 팀장은 나더러 괜찮다며 푹 쉬라고 했다. 얼떨결에 나는 개인 사정으로 회식에 불참하지만, 상사의 이해를 받는 직원이 되어버렸다. 회식은 예정대로 진행되었고, 다음 날 출근해서 들어보니 입원 중인 직원 한 명과 나만 불참했다고 했다.

그날 밤, 늙은 낙타처럼 사내를 배회하던 친구를 만났다. 그는 내가 회식에 불참한 일을 알고는 물어왔다.
"너만 빠져서 괜찮아?"
"신경은 쓰이지만 내가 선택한 거잖아. 덕분에 푹 쉬었어. 그러면 됐지."
말 그대로였다. 내가 결정한 일이었고, 이미 지나간 시간이었다. 그 일을 계기로 앞으로는 나를 위한 선택을 더 쉽게 할 수 있을 것 같았다. 그리고 며칠 뒤, 밤마다 끙끙 앓던 친구를 다시 만났다. 그의 발걸음은 어딘가 가벼워 보였다. 늙은 낙타가 아닌 어린 조랑말처럼 경쾌하게 걷는 모습이 눈에 들어왔다.
"요즘 좋아 보인다?"
친구는 겸연쩍게 웃으며 말했다.
"네 덕분이야."
내가 의아한 표정을 짓자, 그는 말을 덧붙였다.
"넌 그렇게 큰(?)일을 저지르고도 괜찮게 살고 있는 것 같더라고. 나도 이제부터는 사소한 일은 사소하게 넘기면서 살려구."
다소 놀리는 듯한 말투였지만 싫지 않았다. 오히려 이상할 만큼 마음이 환해졌다. 나의 작고 조심스러운 용기가 누군가에게 긍정적인 영향을 주었다는 사실. 그것만으로도 충분히 의미 있었다. 누군가를 위로하고 함께 기쁨을 나눌 수 있다면 그 자체로 즐거운 일이다. 나는 스스로가 약해졌다고 느껴질 때면 마음속으로 이렇게 다짐한다. 내 행복에 관한 일이라면 누군가에게 피해를 주지 않는 한, 더 이기적으로 살아도 괜찮다고.

2장

당신의 사탕은

무슨 맛일까

내가 나를
위로하는 법

 참고 견디는 것만이 강함이라 믿었다. 감정을 흘리는 건 나약하다는 증거라 여겼고 말없이 버티는 자만이 어른스러운 사람이라 생각했다. 공부를 마치고 집으로 돌아가는 길은 언제나 무겁고 조용했다. 어깨가 유난히 버거웠던 어느 밤, 나는 끝내 골목길에 주저앉고 말았다. 지친 몸으로 집에 전화를 걸어보았지만 돌아오는 말은 힘내라는 격려뿐이었다. 힘내라는 말은 나를 위로하기엔 너무 가벼웠고, 내 마음의 깊이를 건드리기엔 한없이 얕았다. 그렇게 한참을 주저앉아 있다가 겨우 일어나 고시원으로 다시 돌아갔다.

 혼자 밥을 먹는 날이 많아졌고 하루 종일 말 한마디 없이 지내는 날도 늘어났다. 누군가의 안부를 듣는 일도, 내 안부를 전하는 일도 줄어들었다. 입 밖으로 내는 말은 줄었지만 마음속 감정은 조용히 차곡차곡 쌓여만 갔다. 그러나 나는 그저 삼켰다. 그것이 성숙한 방식이라 생각했으니까. 이겨내는 법은 참는 것뿐이라 믿었으니까. 누구에게도 기대지 않고 버티는 것이 강함이라 여겼으니까.

그날도 평소처럼 신림동 거리를 걷고 있었는데 얼굴 위로 물방울 하나가 톡 떨어졌다. 무의식적으로 고개를 들어올렸으나 하늘은 맑았다. 내 눈물이었던 것이다. 눈물이 흐르고서야 비로소 내가 울고 있다는 걸 알게 되었다. 순간, 놀라움보다 부끄러움이 앞섰다. 사람들이 쳐다볼까 두려워 급히 집으로 달려왔다. 눈물은 끊임없이 쏟아졌고 무거운 몸을 그대로 침대에 내던졌다. 며칠 동안 방 안에서 나오지 않았다. 남겨둔 과자 몇 조각으로 버티며 시간을 흘려보냈다. 창문 밖에서는 계절이 무심하게 흐르고 있었지만 내 방 안의 시간은 멈춘 것 같았다. 그 조용한 고요 속에서 몸은 마음보다 더 정직하다는 것을 알게 되었다.

인간의 육체는 그것의 감정을 담는 큰 유리병 같아서, 슬픔이 용량을 초과하면 언젠가는 반드시 새어 나오기 마련이다. 겉으로는 아무렇지 않은 척해도 몸은 이미 수많은 신호를 보냈을 것이다. 그날 이후로 나는 감정이 밀려올 때 억누르지 않기로 했다. 베개에 얼굴을 묻고 조용히 울었다. 울고 나면 마음이 조금은 가벼워졌다. 가끔은 소리 내지 않고, 더 가끔은 흐느끼며 울었다. 그러자 눈물의 크기만큼 마음이 가라앉았다. 대신 그 자리에는 작지만 단단한 평온이 스며들었다. 적어도 어제보다 조금 더 나은 하루를 살 수 있었다.

세상은 몰라도 나 자신은 속일 수 없다. 슬플 때, 외로울 때, 견디기 힘들 만큼 괴로울 때는 울어도 괜찮다. 울음은 연약함이 아니라 정직함이다. 눈물은 슬픔이 흘러나오는 출구다. 울고 싶다면 울기를 바란다. 눈물조차 흘러나오지 못하게 억누른다면 그 슬픔은 어디로도 흘러가지 못하고 마음 깊은 곳에 고인다. 감정은 억제한다고 사라지지 않는다. 서서히 가라앉아 더 깊은 곳을 짓누를 뿐이다.

우리는 누군가의 이야기를 듣고 눈물을 흘리곤 한다. 상대의 슬픔이 내 것과 닿았기 때문일 것이다. 그 연결은 단지 공감이 아니라 우리가 인간으로 존재한다는 증거이기도 하다. 그러니 울어야 할 때 울기를. 그 눈물이 당신을 조금이라도 덜 아프게 해주기를. 슬픔이 그치고 나면 그 조용한 뒤안길에 남은 고요가 당신에게 다시 살아갈 힘이 되어주기를 바란다.

있는
그대로였으면

 지극히 평범한 날이었다. 고무줄이 한껏 늘어난 바지에 검정색 점퍼를 걸친 채 친구와 나란히 길을 걷고 있었다. 머리는 당시 유행하던 샤기컷이었는데, 지금 떠올려 보면 그저 지저분하고 어설프기 짝이 없었다. 드라이기로 대충 말리고 나온 탓에 축 늘어진 고양이 같기도 했다. 우리는 특별한 대화 없이 걷다가 빨간 불이 켜진 횡단보도 앞에 섰다. 그때 등 뒤에서 누군가가 친구를 불렀다. 돌아보니 또렷한 이목구비에 눈이 유난히 큰 여자가 웃으며 손을 흔들었다. 친구는 그녀에게 나를 '동네 친구'라 소개했고, 마침 방향이 같아 셋이 나란히 걷게 되었다.

 그 무렵의 나는 한껏 고단해진 삶에 정신적으로도 물질적으로도 여유가 없었다. 사회적인 눈치나 체면 따위는 전혀 고려하지 않은 채 하고 싶은 말만 뱉으며 지냈다. 큰 소리로 음악을 틀고 지나가는 차를 보며 "저런 건 정말 민폐지, 예의도 없고" 같은 말을 들으란 듯이 내뱉곤 했다. 그녀는 조용히 듣기만 했다. 웃지도 반박하지도 않았다. 역에 거의 다다랐을 무렵, 그녀는 짧게 인사하고 여러 갈래의 골목 중 한 곳으로 사라졌다. 그리고 다음 날, 친구가 말을 꺼냈다.

"어제 인사했던 애 기억나지? 네가 괜찮다고 하더라."

그러면서 소개팅을 주선해보겠다고 했다. 세상의 취향은 참으로 다양하구나 싶은 생각을 하며 손사래를 쳤다. 코가 석 자도 아니고 족히 다섯 자는 되는 내가 무슨 연애냐고. 하지만 친구는 그럴 때일수록 사람을 만나야 한다고 했다. 혼자 있는 시간이 길어질수록 더 움츠러들게 된다나 뭐라나. 그 말이 이상하게도 그럴듯하게 들렸다. 가볍게 나가볼까 싶은 그 순간, 라면 하나 사러 왔다가 과자까지 잔뜩 집어 드는 것처럼 작은 기대가 욕심으로 번졌다.

소개팅 당일 아침, 오래간만에 헤어왁스를 꺼냈다. 머리를 손질하고, 평소에는 입지도 않는 하얀 셔츠도 꺼내 입었다. 한결 단정해진 모습이 제법 마음에 들었다.

우리는 차분한 음악이 흐르는 어느 카페에서 만났다. 모던한 인테리어와 예쁜 찻잔이 인상적인 곳이었다. 나는 따뜻한 커피를 마시며 조심스럽게 예쁜 말만 골라 말했다. 단어 하나하나를 정성 들여 다듬고, 이야기 또한 모난 부분 없이 매끄럽게 꺼냈다. 날 것 그 자체였던 내가 이 정도로 꾸몄다면 상대에게도 매력적으로 다가왔을 것이었다. 나한테 너무 빠져버리면 어쩌나 하는 김칫국도 한껏 마셨다. 그렇게 짧았던 첫 만남을 뒤로한 채 집으로 돌아오는 길, 친구에게서 전화가 왔다.

"잘 들어갔어? 어디쯤이야?"

말투가 전에 없이 조심스러웠다.

"왜? 무슨 일 있어? 그 친구는 어땠대?"

나는 아무렇지 않은 척 물었다.

잠시 뜸을 들인 친구가 말했다.

"미안해."

예상하지 못한 말이었다. 갑작스러운 사과에 이어 세상에는 더 좋은 사람이 많다는 위로가 덧붙었다. 듣고 싶지도 않았고, 위로받고 싶지도 않았다. 애초에 바란 적도 없는 선물을 주고는 다시 빼앗아가는 형상이었다. 그러나 실망한 기색을 드러내면 마지막 자존심마저 상할 것 같아 최대한 무심한 표정으로 궁금했던 질문을 꺼냈다.

"너한테 뭐라고 하던데?"

친구는 한참을 머뭇거리다가 대답해주었다.

"상상했던 것과는 좀 달랐대. 기대했던 모습과는 너무 상반됐

다나."

그녀가 기대했던 나는 어떤 사람이었을까. 그리고 실제로 그녀가 마주한 나는 과연 어떤 모습이었을까. 오랫동안 감정을 꾹꾹 눌러가며 살아왔지만, 내면엔 누군가를 깊이 사랑하고 싶은 마음이 자리하고 있었던 모양이다. 아니, 어쩌면 그 어느 때보다 애정이 간절했던 시절이었는지도 모른다.

때로, 돈에 관심 없다는 말이 욕망의 반증이 되듯, 사랑에 무심한 척했던 마음은 가장 뜨거운 갈망을 숨기고 있었다. 애써 외면해왔던 현실을 인식하자 오랫동안 억눌려 있었던 감정들이 한번에 와르르 쏟아져 나왔다.

그녀에게 멋진 모습을 보여주고 싶었다. 내가 생각하는 가장 근사한 것들을 꺼내어 나열했다. 유행하는 머리 스타일, 아껴둔 좋은 옷, 그럴싸해 보이는 말투와 태도까지. 최선을 다해 나를 꾸몄다. 그러나 그 모든 노력은 나를 빛내지 못했다. 오히려 더 그늘지게 만들었다. 드러내고 싶었던 마음이 진짜 내 모습을 가려버린 것이다.

처음부터 평소의 나로 충분했을지도 모른다. 편안한 모습, 본래의 말투와 표정이면 괜찮았을지도 모른다. 어딘가 모르게 과하게 다듬어진 듯한 진심은 고유의 색을 망가뜨린다. 그때의 나에겐 누군가의 관심을 얻으려 힘쓰는 대신, 스스로를 있는 그대로 드러낼 줄 아는 용기가 필요했다. 가장 '나'다운 모습은 너무 애쓰지 않을 때 비로소 드러나는 법이니까.

서해
여행기

"준비는 우리가 다 할 테니 형은 몸만 가면 돼."
대학 후배 규가 말했다.
"산책할 시간도 없는데 여행이 말이 되냐."
규와 준 그리고 나는 수업도 같이 듣고 고민도 함께 나누는 삼총사였다. 규는 대학 시절을 오롯이 사법고시에 쏟느라 여행 한 번 제대로 가보지 못한 내게 기회가 날 때마다 여행을 권했다. 특히 졸업이 다가올수록 이때가 아니면 영영 함께할 시간이 없을 것 같다며 간절하게 나를 설득했다.
"형, 내가 여행 계획 다 짤게. 필요한 것도 알아서 준비할 테니까 형은 평소처럼 공부하다가 차에 타기만 해. 우리가 형을 잘 데리고 갔다가 제자리에 고이 돌려둘게. 공부는 그때부터 다시 하면 돼!"
이쯤 되니 더이상 거절할 말도 떠오르지 않게 되었다. 그렇게 등 떠밀리듯 가게 된 여행 당일이 되었고, 둘은 연식이 오래돼 보이는 렌터카를 끌고 도서관 앞으로 왔다. 나는 차에 타자마자 물었다.

"왜 하필 서해야?"

규는 웃으며 말했다.

"동해는 지겹잖아. 서해 가서 해수욕도 즐기자."

준도 고개를 끄덕였다. 우리 모두 동해는 수없이 가봤지만 서해는 처음이었다. 더 푸르르고 모래도 훨씬 깨끗할 것만 같았다. 그러나 첫 번째 해수욕장에서부터 난관이었다. 주차를 하고 내려간 언덕 밑은 예상했던 풍경과는 너무나도 달랐다. 며칠 전 내린 폭우의 여파로 바다는 무척이나 탁했고, 해변가에도 고운 백사장의 모래가 아닌 까만 갯벌이 즐비해 있었다. 갯벌에서는 무언가가 꿈틀거리기까지 했다. 상상조차 못한 풍경에 혼이 빠져 있을 무렵, 농기구를 메고 지나가던 동네 주민이 물었다.

"여기까지 와서 헛다리 짚었구먼. 어디서 왔어?"

"서울에서 왔습니다."

아저씨는 딱한 표정으로 말했다.

"그 좋은 동해 두고 왜 여기까지 왔당가잉. 물도 탁한디."

준과 규의 얼굴은 실시간으로 굳어졌다. 우리는 근처 해수욕장들을 하나씩 둘러보았지만 상황은 여의치 않았다. 이러지도 저러지도 못하는 혼란 속에서 차를 몰며 해안을 따라 이동했다.

해도 점차 저물어갔고, 급기야 길을 잘못 들어 한적한 도로로 접어들었다. 차 안은 점점 조용해졌다. 규와 준의 얼굴에도 알 수 없는 불안이 스며들었다. 설상가상으로 계기판에는 경고등까지 켜졌지만 근처엔 주유소 하나 보이지 않았다. 겨우 지나가던 사람에게 길을 물어 기름을 채웠다. 애초에 예약했던 숙소는 찾지도 못한 채 도로 옆에 우연히 발견한 펜션에 들어갔다. 허름했지만 지친 몸을 누일 수 있다는 것만으로도 충분했다. 그날 밤, 규는 테이블 위에 놓인 돼지고기를 들고 한입 베어 물더니 여행의 혼란을 다 씹어 삼키듯 말했다.

"여기가 요즘 안 좋은가 봐. 걱정 마. 다른 계획도 있어!"

"형, 원래 여행은 남자끼리 와야 제맛이야. 사나이 우정이 얼마나 멋있는 건데."

우리는 웃으며 맞장구를 쳤고, 고기를 손질하기 시작했다. 그때 숯불을 들고오던 펜션 사장님이 우리를 힐끗 보더니, 어떻게 젊은 남자 셋이서만 여행을 오는 일이 다 있냐며 혀를 끌끌 찼다. 잠시 웃음기가 사라졌다. 우리끼리만 있는 이 순간이 정말 멋진 건지, 아니면 그렇게 믿고 싶었던 건지 혼란스러웠다. 그러나 누구도 그 말을 입 밖에 내진 않았다. 묵묵히 고기를 구울 뿐이었고 급기야 대화는 연기 속으로 사라졌다.

다음 날 아침, 몸은 고단했지만 이대로 집을 가기엔 너무나도 아쉬워 남해로 향했다. 라디오에서는 일본으로 향하던 태풍이 갑작스레 방향을 틀어 남해를 거쳐 간다는 소식을 전하고 있었다. 준은 창밖을 보며 말했다.

"이제는 못 먹어도 고야. 돌이킬 수 없다."

해변에 도착했을 땐 이미 바다가 난리였다. 파도는 거품을 물고 달려드는 검은 소처럼 거칠게 밀려왔고, 해변가의 가게들은 모두 문을 닫은 상태였다. 겨우 하나 문이 열린 가게를 찾아 들어가 튜브를 빌릴 수 있냐고 묻자, 주인은 당황스러운 눈빛으로 우리를 바라봤다.

"이런 날씨에 바다에 들어가겠다는 거야?"

우리는 잠깐만 들어갔다 나올 거라고 말했고, 아주머니는 천 원만 받고는 마음껏 쓰라며 튜브를 내주었다. 우울한 할인이었다. 옷을 정리해두고 바다에 들어갔지만, 물살은 생각보다 훨씬 빠른 속도로 차올랐다.

"애들아, 이상해. 벌써 허리까지나 물이 찼어. 빨리 나가자."

10분도 안 돼 물 밖으로 나가려는 찰나, 물 위로 익숙한 무언가가 둥둥 떠다녔다.

"내 속옷이잖아! 저건 우리 옷이고. 다 떠내려간다. 빨리 잡아!"

셋은 문어를 건져 올리는 어부처럼 옷가지들을 하나씩 낚아챘다. 주차장에 돌아와 짐을 확인했지만, 여벌의 옷을 챙긴 이는 없었다. 우리는 축축한 옷을 그대로 입고서는 다시 서울로 향했다. 오랜 시간에 걸쳐 목적지에 도착해 간신히 렌트한 차를 반납했다. 그런데 돌아오는 버스에 지갑을 두고 오는 바람에 다시 되돌아가야 했다. 하루가 끝나긴커녕 자꾸만 덧붙는 느낌이었다.

여행의 여파는 생각보다 컸다. 서울로 돌아와서도 사흘간은 서로에게 연락하지 않았다. 몸은 피곤했고, 마음도 지쳐버렸다. 길을 잃고, 옷을 잃고, 기분마저 잃어버렸던 여행. 그런데 시간이 흐르고 나니 엉망진창이었던 그때의 여행이 20대를 회상하는 가장 선명한 기억이 되어 있었다. 당시에는 너무나도 힘들고 답답했다. 실패처럼 느껴졌고, 마음 어딘가에는 민망함이 눅진하게 남아 있었다. 그러나 세월이 지나면서 그 모든 장면은 웃음 섞인 회상으로 바뀌었다. 무엇 하나 제대로 해내지도 못했고, 대단한 감동마저 없었지만 그날의 바다 냄새, 젖은 옷의 감촉, 서로를 놀리던 말투 같은 것들이 이따금 불쑥 떠올라 마음 한가운데를 건드린다. 가끔은 완벽한 날보다는 불완전하고, 뜻대로 되지 않는 날이 더 오래 마음에 머무나보다.

행복한 순간만 존재할 수는 없는 영화처럼, 어느 한구석엔 어둡고 거친 색이 있어야 밝은 장면이 더 빛난다. 인생에서 제법 괜찮았다고 느끼는 순간들, 그건 어쩌면 실패의 그림자를 통과

한 뒤에야 비로소 찾아오는지도 모른다. 그러니 오늘 하루가 어딘가 마음에 들지 않더라도, 과거의 좋았던 기억을 떠올릴 수만 있다면 오늘도 편안한 밤을 맞을 수 있을 것이다.

진실과
확신

　형이 강원도 GOP(남방한계선 인근 전방초소)에서 근무 중일 때의 일이다. 형은 오랜만에 휴가를 받아 고향에 내려오는 길이었다. 직접 마중을 나가고 싶었지만 사법고시를 준비하느라 발이 묶여 있던 탓에 어머니가 대신 터미널로 마중을 가게 되었다. 그날 오후, 고시원에서 공부 중이던 나에게 어머니의 전화가 걸려 왔다. 앉은 자리에서 입구까지는 제법 거리가 있었기에 쉬는 시간에 받으려 했지만 전화가 곧 다시 울렸다. 연속된 호출에 불안해진 나는 자리에서 벌떡 일어나 전화를 받았다.
　"큰일 났다, 우짜노."
　어머니의 다급한 목소리에 심장이 내려앉았다. 놀라 무슨 일이냐고 되묻는 내 말에 고시원 안 몇몇 학생들이 고개를 들었다. 급히 복도로 나가 다시 물었다.
　"무슨 일인데요?"

전화기 너머로는 바람 소리와 함께 자동차 엔진 소리가 섞여 들려왔다. 어머니는 운전 중이었다.

"터미널에서 만나기로 했는데, 내가 그만 휴대폰을 집에 두고 나왔다. 형은 니 번호도 모르고 이사한 집 주소도 모르는데 이 거 우짜노."

그 시절의 군인은 지금처럼 전화를 쉽게 사용할 수도 없었거 니와, 휴대폰이 없었던 형에게는 어머니의 번호만이 유일한 연 락 수단이었다. 나는 한껏 상기된 모친을 진정시키려 애쓰며 말 했다.

"일단 운전에 집중하세요. 너무 걱정 마시고요."

그러나 어머니는 말을 자르며 화를 냈다.

"니는 형이 딱하지도 않나. 내가 니를 우애 없는 아로 키운 적 이 없는데 공부 좀 한다고 사람이 변해삣네."

날카로운 어투에 나 역시 순간적으로 언성이 높아졌다.

"휴대폰을 정말 안 챙기신 게 맞아요?"

"뭔 소리고. 진작에 차 서랍도 열어 보고 가방도 다 뒤져봤지. 내가 바보가?"

나는 조용히 한마디를 덧붙였다.

"그럼 지금 통화하고 있는 이 전화는 누구 거예요?"

잠시 침묵이 흘렀고 알겠다는 짧은 대답만 돌아왔다. 어머니 는 왼손에 휴대폰을 쥐고 계셨던 것이다. 확신이라는 것은 이토록 쉽고 우습게 어긋날 수 있다.

사람들은 종종 존재하지 않는 것을 있다고 믿고, 그 믿음을 근거로 다투고 상처를 남긴다. 최근 들은 지인의 이야기도 마찬가지였다. 그는 애인과 자주 다투는 이유에 대해 털어놓았다.

"어제도 싸웠어. 내가 7시까지 지하철역에 도착한다고 했거든. 근데 걔가 7시 5분에 왔는데, 미안하다는 말도 없이 그냥 가자는 거야. 그 순간 너무 화가 났지."

나는 5분이 그렇게 중요한 거냐고 물었고, 지인은 한참을 생각하는 듯하다가 말했다.

"사실 시간은 별로 안 중요해. 약속을 지키지 않는 게 반복되니까 참기 힘든 거야. 난 선이 있어. 그 선만 넘지 않으면 아무 문제 없는데 걔는 자꾸 그걸 넘어."

아마도 이 커플은 앞으로도 계속 싸울 것이다. 그가 말한 '선'은 눈에 보이지 않는 자신만의 기준이다. 그러나 이 세상에 그 기준을 아는 이는 본인밖에 없다. 애초에 존재하지도 않는 선을 기준으로 타인을 평가해버리면 상대는 당황스럽다. 지인이 "나는 분명 말했어"라고 해도 상대는 들은 적도, 본 적도 없는 룰 속에서 몇 번이고 죄인이 되고 만다.

진실과 확신은 종종 서로를 밀어낸다. 진실은 단단히 존재하지만 확신은 마음속에서 요동치고 흔들린다. 확신이 강해질수록 진실로부터 멀어질 수 있다. 내가 옳다고 믿는 것의 절반은 틀릴 수 있고 나머지 절반도 완전한 진실은 아닐 수 있다는 생각, 그런 마음이 있어야 사람과 사람 사이가 덜 부딪히고 조금 더 부드럽게 살아갈 수 있다고 믿는다. 우리는 확신으로 시들고 의심으로 피어나는 존재일지도 모른다.

당신의 사탕은
무슨 맛일까

 최근 들어 몸도 마음도 무거워졌다. 식사는 예전처럼 잘 넘어가지 않았고 소화는 더뎠다. 무거운 속을 달래보고자 명상 영상을 찾아보았다.
 잔잔한 음악과 함께 "지금, 당신은 하와이 해변가에 있습니다."라는 멘트가 흘러나왔다. 하지만 그 말이 들릴 때마다 속된 말로 짜게 식었다. 사방이 회색 벽으로 둘러싸인 싱글 사이즈 침대 위에서 지구의 낙원을 상상하라니. 억지로 눈을 감고 파도를 떠올려보았지만 오래된 조명의 불빛과 딱딱한 매트리스의 감촉만 맴돌 뿐이었다.

 감성은 글쓰기의 주재료라 믿기에 그 감각을 잃지 않으려 부단히 애써왔다. 그런데 그 순간, 나 자신이 무언가를 상상조차 할 수 없는 사람처럼 느껴져 무력감이 서늘하게 밀려들었다. 다른 영상을 틀어보아도 별반 다르지 않았다. 푸른 초원, 세차게 낙하하는 계곡, 안개 낀 숲길… 어느 장면도 나를 그곳으로 데려가지 못했다. 작은 침대 위에서 어떤 편안함을 느끼라는 것인지 점점 이해할 수 없게 되었다. 며칠을 그렇게 보내다가 마음보다 몸을 먼저 돌보는 게 낫겠다는 생각이 들어 병원을 찾았다.

대기실의 긴 소파에 몸을 깊숙이 묻고 멍하니 천장을 바라보았다. 삶의 기류에 지쳐 표류하던 중 문득 뒤에서 아이의 맑은 목소리가 들려왔다.

"안녕하세요, 아저씨."

깜짝 놀라 고개를 돌리니 엄마의 손을 꼭 잡은 여자아이가 내 옆자리에 앉아 있었다. 머리카락을 양쪽으로 나눠 묶은 아이는 분홍색 원피스를 입고 있었다. 커다란 눈망울은 파도처럼 맑고 반짝였다. 아이의 어머니는 자신의 딸이 기특했는지 알록달록한 사탕 하나를 건네주었다. 아이는 껍질을 벗겨 사탕을 입에 넣었는데 그 행동이 어찌나 사랑스러운지 미소가 절로 나왔다. 아이는 내가 자신을 쳐다보는 이유가 사탕을 먹고 싶어서라고 생각했던지 입꼬리를 올리며 말했다.

"아저씨도 하나 줄까요?"

터져나오려는 웃음을 겨우 참으며 말했다.

"아니, 아저씨는 괜찮아. 맛있어?"

아이는 얼굴에 행복을 한껏 담은 채 고개를 끄덕였다.

"네!"

나는 다시 물었다.

"무슨 맛이야?"

아이의 눈동자가 잠시 흔들렸다. 그녀는 사탕을 입에서 꺼내 색을 살펴보더니 잠깐 망설이다가 아주 진지한 얼굴로 말했다.

"무지개 맛이요."

그 말이 떨어지는 순간, 아이는 다시 사탕을 입에 넣고 햇살처럼 환하게 웃었다. 나는 가만히 생각했다. 아이의 말 한마디가 데려간 상상의 세계. 무지개를 입에 머금고 있다는 상상, 그건 어쩌면 어른이 결코 흉내낼 수 없는 종류의 평화였다. 내가 부족했던 것은 상상력이 아니라 그 상상을 가능케 하는 동심이었다. 현실을 살아가느라 바빴던 탓에 무언가를 있는 그대로 받아들이는 능력을 잃어버렸던 것이다.

그날 집으로 돌아와 다시 명상을 시도했다. 이번엔 배경음악이나 해변 멘트에 기대지 않고 작은 침대 위에서 '무지개 맛'을 떠올리며 조용히 눈을 감았다. 진짜 평화는 어른의 이성이 아닌, 아이의 상상 속에 숨어 있는지도 모르겠다. 무지개 하나로 충분히 웃을 수 있는 마음. 그토록 찾아 헤매던 고요는 사소한 일상으로부터 시작되는 것이었다.

J
에게

"남자와 인연이 있는 사주입니다."

형은 경찰공무원 시험에 난항을 겪던 시기에 점집을 찾았다. 미혼인 형에게 운명의 상대가 있다는 건 좋은 일이지만 형수님이 남자라면 곤란할 것 같았다. 어머니도 놀라 물었다.

"우리 아들이 그런가요?"

점쟁이는 감았던 한쪽 눈을 뜨며 말했다.

"꼭 결혼할 상대가 아니더라도 친구와의 인연이 깊으면 사주에 나오기도 합니다. 아주 드물긴 하지만요. 친형제만큼 깊은 운명입니다."

어머니는 다시 물었다.

"그보다 우리 아들이 시험에 합격하겠습니꺼?"

"합격운은 있습니다. 하지만 쉽지는 않을 겁니다. 스스로를 믿어야 합니다."

형은 무속인의 말을 크게 신경쓰지 않았다. 그러나 지금 돌이켜보면 믿음과 신념은 어쩌면 특별한 인연으로부터 강해지는 것일지도 모른다는 생각을 하게 되었다.

형에게는 정훈이라는 오래된 친구가 있다. 중학교 때 처음 만난 둘은 우리 집에서 밥도 먹고 자고 가기도 할 만큼 가까웠다. 부모님 역시 정훈 형을 가족처럼 여겼다. 그도 그럴 것이 정훈 형은 독학으로 명문대 건축학과에 입학했을 만큼 자립심 강한 사람이었다. 수능 전날까지 자신의 부모님을 도와 밭을 가는 일에도 열심이었던 그는 훗날 대기업 건설회사에 취직하게 되었다. 어머니는 그를 아들처럼 아꼈다. 서울에서 직장생활을 하면서도, 명절마다 우리 집에 들렀다. 부모님은 그런 모습을 흐뭇하게 바라보셨다.

문제는 정훈 형이 서른을 앞두고 갑자기 회사를 그만두겠다고 했을 때부터 시작되었다. 회사 생활보다 자신의 사업을 하고 싶다고 했지만 구체적인 계획은 없었다. 어머니는 형에게도 그를 말리라고 단호하게 말씀하셨다.

"그 좋은 직장을 대체 왜 그만두겠다는 거고? 니가 좀 말렸어야지. 그게 진짜 돕는 거다."

부모님은 정훈의 집에도 찾아가셨지만 형은 끝내 퇴사를 결심했다.

"걱정 마세요. 할 수 있습니다."

어머니는 그가 아직 세상을 모른다며 걱정하셨다. 나 역시 어머니의 말에 고개를 끄덕였다. 지금 누군가 나에게 확실한 성공의 길이 있냐고 묻는다면, 나는 주저없이 아니라고 답할 것이다. 젊었을 때는 성공에 관한 매뉴얼이 있다고 믿었지만 시간이 지나면서 그런 법칙은 없다는 걸 깨달았기 때문이다. 스티븐 코비 박사의 『성공하는 사람들의 7가지 습관』이라는 책이 대박을 터뜨렸지만 그는 파산했다. 기자가 물었다.

"많은 사람에게 성공의 영감을 준 당신이 왜 파산했죠?"

박사는 간단히 답했다.

"내가 책에 쓴 대로 살지 않아서."

그때부터 성공의 법칙은 없다고 생각했다. 더 많은 책을 읽었지만 대부분의 저자는 부유한 배경을 가진 사람들이었다. 성공은 출발선에서 이미 결정된 것 같았다.

정훈은 퇴사 후 여러 차례 사업을 시도했지만 성과가 없었다. 그때마다 형은 언제나 그가 잘 해낼 거라 믿었다. 한편, 당시는 우리 집도 형편이 좋지 못하던 시절이어서 부모님은 형에게 이제 그만 공부를 그만두는 것이 어떠냐고 하셨다. 필기 합격 후 체력시험을 앞두고 있던 어느 날이었다. 형은 마지막이 될 수도 있는 이번 시험에 더욱 신중을 기울였다.

하루는 시험을 며칠 안 남겨두고 정훈에게서 택배가 왔다. 최고급 운동화와 편지가 든 박스였다. 정훈은 형이 실력은 충분한데 장비가 부족하다고 말했다. 그해, 형은 신발 덕분인지 여유 있게 시험을 합격했다. 점쟁이의 말이 불현듯 떠올랐다. 어쩌면 운명보다 우정이 더 깊을지도 모를 일이다.

형이 경찰이 된 지도 5년이 되었다. 정훈은 여전히 어려움을 겪고 있었고, 이제는 포기해야 하지 않겠냐고 형에게 물었다. 그러나 형은 정훈은 대단한 사람이니 걱정하지 말라고 했다. 어머니는 정훈이 본인의 말을 듣지 않아서 그렇다고 한탄하셨다. 시간이 흘러 정훈은 대구에 일이 생겨 내려온다고 연락해왔다. 나는 그를 마중 나갔고, 오랜만에 본 그의 피부는 거칠어져 있었지만 눈은 여전히 빛났다. 하지만 그는 깊은 한숨을 내쉬며 형에게 말했다.

"이번 생은 안 될 것 같아. 그래도 현생에서는 최선을 다해 덕을 쌓고, 다음 생을 믿어야겠어."

그의 고뇌가 얼마나 깊은지 알 수 있었다. 평소 말이 없는 형은 조용히 정훈의 손을 잡아주었고, 그는 처음으로 미소 지었다.

형은 집으로 돌아와 정훈에게 편지를 썼다. 차마 보여 달라고 하지는 못했지만, 손을 잡던 그 따뜻한 지지의 글임은 분명했다. 이후로도 형은 정훈이 언젠가는 해낼 것으로 믿었다. 어느 날, 형은 정훈이 드디어 괜찮은 일을 잡은 것 같다며 미소를 지었다. 참 다행이라고 생각했다.

형은 그가 열심히 일한다고 했다. 마지막 스퍼트를 내는 마라토너처럼 최선을 다한다고 했다. 그리고 얼마 후 형은 기사 하나를 보여줬다. 정훈이 자신의 공장 앞에서 활짝 웃고 있는 사진이 담긴 기사였다.

정훈은 명절을 맞아 우리 집을 방문하겠다는 연락을 해왔다. 어머니는 군대 간 아들을 기다리듯 설레는 마음으로 그를 맞을 준비를 했다. 몇 시간 뒤 검은색 세단을 타고 나타난 그의 손에는 보약이 든 박스 하나가 쥐어져 있었다. 정훈이 형이 집에 들어와 큰절을 올리며 그동안 못 내려와서 죄송하다고 했다. 어머니는 이렇게 얼굴만 보면 되는데 왜 안 내려왔냐며 등을 어루만졌다.

믿는 자가 모두 성공하는 것은 아닐지라도 성공한 사람들은 모두 믿음을 가졌던 이들이다. 그리고 그 믿음이 흔들릴 때 형과 정훈처럼 서로의 손을 잡아줄 수 있는 존재가 곁에 있다면 그 길은 결단코 외롭지 않을 것이다. 믿음을 혼자서만 지키기는 힘들다. 그러나 삶은 단거리 경주가 아닌 마라톤이기에, 곁에서 누군가가 함께 달려준다면 시간이 걸릴지언정 언젠가는 결승점에 도달할 수 있다. 정훈과 형을 보며 나에게도 저들과 같은 친구가 있으면 좋겠다는 생각이 든다. 그러면서도 여지껏 그런 우정을 곁에 두지 못한 이유가 사람에 대한 전폭적인 신뢰를 가지지 못했기 때문은 아닌지 되돌아본다.

삐딱한
이야기

 이 글은 세상을 조금 비틀어진 시선으로 바라본 이야기다. 평소의 나는 삶을 가능한 한 긍정적으로 보고자 노력하는 편이지만, 무작정 밝게만 보려고 들지는 않는다. 휘어진 부분을 애써 바로잡으려 들지도 않는다. 때로는 왜곡된 풍경 속에 진실된 무늬가 숨어 있기도 하기 때문이다.
 오래 전에 읽었던 책에서 "너무 곧은 길은 오히려 굽어 보인다"는 문장을 본 적이 있다. 여러 방식으로 해석될 수 있겠지만 나의 이해는 이렇다. 지나치게 올곧은 생각은 오히려 삶을 왜곡시킬 수 있으며, 부정적인 견해는 때때로 깊은 통찰을 담고 있을 수도 있다는 것. 우리는 완벽한 정답을 추구할수록 정형화된 틀에 갇히기 쉽다.

 중학생 때, 학교에는 각진 얼굴에 금테 안경을 쓴 물리 선생님이 있었다. 과묵하고 원칙을 중시하던 분이었지만 가끔은 전혀 예상치 못한 말씀을 던지곤 했다. 하루는 수업 시간에 물 부족 문제 이야기가 나왔다. 선생님은 이렇게 말씀하셨다.

"요즘 물 부족하다고 난리죠? 괜찮습니다. 신경 쓰지 말고 막 쓰세요."

어렸던 나는 당황했다. 환경문제가 심각하다고 배우던 시절이라 더욱 이해할 수 없었다. 선생님은 혼란스러운 내 마음을 읽기라도 하셨는지 이런 말을 덧붙였다.

"여러분이 지금 걱정한다고 당장 달라지는 건 없습니다. 사람은 어리석어 보여도 영리한 존재입니다. 일이 정말 심각해지면 경각심을 가지고 스스로 잘하게 될 겁니다. 그러니 너무 일찍부터 모든 걸 짊어질 필요는 없어요."

당시에는 무책임하게 느껴졌던 그 말의 진의는 시간이 지날수록 이해되었다. 현실은 언제나 이상보다 무겁고, 모든 문제를 책임지려는 태도는 삶을 지치게 만든다. 어떤 문제들은 나 혼자 끌어안아도 해결되지 않는다. 세상엔 분명 나 혼자 힘으로는 바꿀 수 없는 일들이 있다.

물 부족 문제는 중요하다. 하지만 내가 그것을 걱정한다고 해서 당장 변하는 것은 없다. 그런 문제는 공동체가 함께 움직일 때에야 비로소 변화의 가능성이 열린다. 그러니 때로는 모든 것을 해결하려 애쓰는 대신 문제를 인식하고 살아가는 것만으로도 충분할 수 있다. 누군가는 이런 태도는 무책임하다고 말할 수도 있다. 그 말이 맞을 수도 있다. 이 생각이 틀렸다고 인정할 준비도 되어 있다. 그러나 나는 인생에서 수많은 어쩔 수 없는 일들을 겪어왔다. 최선을 다해 공부했지만 얻지 못한 시험 점수, 내 진심을 받아주지 않은 사람, 채택되지 않은 기획안 등. 우리는 완벽할 수 없고 모든 문제에 매달릴 수도 없다. 그래서 나는 조금은 내려놓는 삶을 택하려 한다. 바꿀 수 없는 일은 담담히 받아들이고 바꿀 수 있는 일에 집중하는 것, 그 남은 힘으로 마음의 평화를 지켜내는 삶. 그게 지금의 나에게 가장 필요한 삶의 방식이다.

괴롭히는 사람들

독서모임에 처음 오는 이들에게 책을 읽는 이유를 묻곤 한다. 돌아오는 대답은 대부분 비슷하다. 혼자서는 책을 잘 읽지 않아서, 자기 발전을 위해서, 좋아하는 작가가 생겨서 등. 여섯 해가 넘는 시간 동안 대동소이한 대답을 수도 없이 들었다. 그런데 최근에 들은 대답은 조금 달랐다.

이제 막 서른을 넘긴 한 회원은 허리를 곧게 펴며 말했다.

"회사 상사가 말발이 굉장히 세요. 책 좀 읽고 지식도 쌓아서 그분을 꼭 이기고 싶어요."

책을 읽는 이유가 누군가를 이기기 위해서일 수도 있다는 사실이 새로웠다. 그간 얼마나 답답한 시간을 보냈을까 싶어 측은한 마음에 들었다. 나 역시 최근 비슷한 경험을 했기 때문이다.

하루는 사무실 커튼을 새로 바꿔야 할 일이 생겼다. 나는 자연광이 잘 들어오고 때가 쉽게 타지 않을 것 같은 밝은 꽃무늬 커튼을 골랐다. 그런데 상사는 생각이 달랐는지 미간을 찌푸리며 온갖 불만들을 쏟아냈다. 커튼 하나 바꾸는 일로 언성까지 높여야 하나 싶었다. 사무실 내에는 목재로 된 가구가 많았기에 회색보다는 밝은 색의 커튼이 더 적합하다고 생각했을 뿐이다. 사석이라면 목소리 큰 사람이 이기겠지만, 사내에서는 경력이 곧 권력이기에 사무실에는 그 잿빛 커튼이 달리게 되었다. 그런데 다음 날, 과장님이 들어오더니 노발대발하며 누가 이런 색의 커튼을 달았냐고 물었다. 상사는 곧장 과장에게 가더니 안타까운 표정으로 말했다.

"과장님, 죄송합니다. 제가 이 색은 아니라고 계속 말렸는데, 주장이 너무 강해서요."

그는 슬쩍 나를 보았다. 전형적인 강약약강형 인간이었다. 직장생활을 하며 이런 사람을 어떻게 상대해야 할지 고민이 많았다. 영상도 찾아보고, 지인에게 조언도 구해보고, 심지어는 데일 카네기의 『인간관계론』까지 읽었다. 대부분은 상대방의 입장에서 생각하라고 했지만, 극단적으로 자기중심적인 사람에게는 논쟁을 피하고 거리를 두라고 조언한다. 그러나 회사에서 매일 마주치는 사람과 거리를 두는 일이란 사실상 불가능이다. 직장은 생각보다 복잡한 사회인데, 정말 스스로를 다독이는 것만이 최선인지 의문스러웠다. 과연 나 자신을 소모하면서까지 참는 것이 진짜 성숙함일까.

하루는 독서모임 회원들과 이 문제를 나눈 적이 있다. 평소 자신의 예민한 성격 때문에 사회생활이 어렵다던 한 회원이 말했다.

"저는 싫어하는 상사의 장점을 억지로라도 찾으려고 했어요. 피부는 좋네, 시계는 멋지네… 그렇게 작은 것부터 보기 시작하니까 미움이 조금 줄더라고요."

그 말에도 고개가 끄덕여졌지만, 더 큰 여운이 남은 건 조용히 잘 웃던 또 다른 회원의 말이었다.

"저는 지적을 받거나 지시를 받으면 항상 밝게 웃으며 네 하고 대답해요. 아주 크게요."

처음엔 의아했다. 미운 상사에게 어떻게 그런 리액션을 할 수 있는지 궁금해지던 찰나, 그녀는 말을 이어나갔다.

"그런데 대답만 하고 실제로는 하지 않아요. 또 뭐라고 하면 다시 밝게 대답만 해요."

마지막 말까지 듣고 나서야 비로소 수긍되었다. 평소 수줍음 많던 그녀가 명랑하게 대답하는 장면이 상상되자 나도 모르게 웃음이 터졌다. 참 지혜롭지 않은가. 밝고 명랑해서 건드릴 수는 없지만 어딘가 모르게 얄미운 후임. 그래서 '맑눈광' 캐릭터가 사랑받는 모양이다.

이후로는 나 역시 억지스러운 지적을 당하게 될 때면 크게 "네, 알겠습니다!" 하고 답한다. 더 정확하게 말하면 대답만 듣기 좋게 한다. 상대는 내가 진심으로 이해한 줄 알고 흡족해할 것이고, 나는 나대로 마음의 균형을 지킨다. 때로는 지는 게 이긴다는 말처럼 이러한 지혜도 작고 평화로운 하루를 지켜내는 방식일지도 모른다.

포기하지 않고
무작정 미루기

"소대장님, 그동안 고생하셨습니다."

백 명의 소대원이 경례하는 가운데 정문을 나섰다. 관사의 짐들은 모두 본가로 보냈다. 고시 공부는 내 인생에 끼어들어 모든 것을 밀어냈다. 뒤늦게 군대에, 그것도 장교로 입대해 복무를 마치고 나니 제대할 무렵엔 어느덧 내 나이가 서른을 넘어가고 있었다. 제대 날이 되면 하나같이 기뻐했지만 나는 부산행 버스 창가에 앉아 창밖만 하염없이 바라보았다. 마음속엔 자유보다 앞날에 대한 두려움이 더 크게 밀려왔다.

집에 도착하니 부모님은 저녁상을 거하게 차려주셨다. 어머니는 내가 밥을 다 먹기도 전에 앞으로 무엇을 할 생각인지 물어왔다. 어떠한 답도 할 수 없었다. 구체적인 계획이 없었기 때문이다. 군대에서도 수없이 생각해본 문제였지만 생각에 생각을 거듭할수록 어떠한 결론도 얻을 수 없게 되었다. 그런 내가 할 수 있는 건 고민할 시간이 필요하니 조금만 더 기다려달라는 말밖에 없었다.

로스쿨도 고려대상에 있었으나 전보다 더 좁아진 집과 텅 빈 잔고는 그것은 욕심이라 말해주고 있었다. 이미 늦어버린 취업이 더 늦어지면 돈은 대체 언제 벌 수 있을까. 그동안의 생활비는 누가 감당할까. 기업에 들어가기엔 나이가 많고, 고시 준비로 방치한 학점은 어딜 가나 발목을 잡았다. 그렇다고 아무 회사나 들어가기엔 가진 돈도, 자산도 없어 눈앞이 막막했다. 뜬 눈으로 아침을 맞았지만 집에 있자니 괜히 눈치가 보여 도서관에 갔다.

시골 도서관은 한산했다. 난방도 제대로 되지 않아 서늘함마저 감돌았다. 몇 시간을 앉아 있어도 같은 길을 빙빙 도는 것처럼 진전이 없었다. 책장에는 답이 있을까 싶어 서재로 향했다. 어느 노년 작가가 쓴 '젊었을 때 하지 않아서 후회하는 것들'에 대한 책이었다. 현실적인 문제로 하고 싶은 일을 할 수 없었던 작가의 고백이 마음 깊이 와닿았다.

내가 정말 하고 싶은 일이 무엇인지 적어보았다. 글을 쓰고 출판을 하고 작가가 되고 싶었다. 그러나 쉬운 길은 아니다. 내 인생은 출발조차 못했는데 새로운 도전으로 시작을 또 한번 미뤄버리면 영영 도착지에 닿지 못할 것 같았다. 그러면서도 한편으로는 지금까지 내가 공부했던 것은 진정 내가 원해서 한 것이 아니라는 생각이 들었다. 성적에 맞춰 대학에 갔고, 부모님이 권해서 법학과에 진학했고, 법대에 갔으니 사법고시를 준비했다. 후회가 된다는 뜻은 아니다. 진정 내가 원해서 한 일이라고는 할 수 없을 뿐이다.

책에서 용기를 얻은 나는 진짜 하고 싶은 일을 해보기로 했다. 그간 조금씩 모아두었던 글을 정리해 무작정 투고했다. 운이 좋았는지 바로 출판사와 계약을 했고 출간까지 이어졌다. 3쇄를 찍고 베스트셀러로 검색이 되니 성취감이 들었다. 기대 이상으로 책이 판매되었으나 현실적으로 노동에 들인 시간에 비해 손에 쥐는 금액은 적었다. 만약 이보다 덜 팔렸더라면 인세는 대체 얼마였을까. 계산에 둔한 나조차도 자본주의의 생리를 어렵지 않게 이해할 수 있었다.

출판사는 첫 성과에 만족했는지 전속계약을 제안해왔다. 나는 메일에 첨부된 계약서를 읽으며 고민했다. 삶이 너무 어렵게 느껴졌다. 왜 공부를 해야 하는가, 왜 좋은 대학에 가려고 하는가와 같은 물음에 사로잡혔다. 공부를 잘한다고 행복이 보장되는 것도 아니고, 좋은 대학에 간다고 무조건 대기업에 취업할 수 있는 것도 아니다. 그러나 가능성은 높아진다. 공부를 잘한다고 무조건 잘살게 되는 것은 아니지만, 좋은 직업을 가질 확률은 높아진다. 명문대를 졸업하면 좋은 직장에 들어갈 확률이 높은 것처럼, 우리의 삶은 확률 싸움일지도 모른다. A라는 선택을 해야 성공할 가능성이 높으니 그곳에 배팅하는 것뿐이다.

 나날이 높아지는 의대에 대한 열망과 대비되는 공대의 입결이 요즘의 현실을 잘 보여준다. 그러나 이 또한 가능성일 뿐이다. 의사로 산다고 부와 행복이 보장되지는 않는다. 공대를 간다고 해서 그보다 가난해지는 것도 아니다. 삶의 가능성이 수학과 다른 점은 검증이 불가능하다는 것이다. 결정의 순간에는 아무것도 알 수 없다. 그래서 아무도 정답을 말할 수 없다.

 내가 전업 작가를 고민할 때, 그 삶의 종착지를 예상할 수 있는 이는 아무도 없다. 좋아하는 일로 성공한 사람은 하고 싶은 일을 하라 말할 것이고, 실패한 사람은 안정적인 직장을 찾으라 조언할 것이다. 그러나 이러한 말에는 함정이 있다. 그들은 이미 자신의 선택에 대한 결과를 경험했다는 점이다. 마치 주식 분석 같다. 우리가 원하는 것은 주가 예측이지만, 전문가들은 결과가 나온 후에야 그럴듯한 분석을 내놓는다.

 미래를 앞둔 모든 결정에는 정답이 없다. 이 말은 곧 모든 조언이 오답일 수도 있다는 뜻이다. 조언은 '참고용'에 지나지 않는다. 가장 중요한 것은 자신의 선택이다. 다행히 우리는 대부분의 일을 스스로 결정해나간다. 그 결과를 통해 매번 삶을 깨우치며, 자신만의 선택의 기준을 만들어 간다.

　최종적으로는 나는 전업 작가의 꿈을 미뤘다. 좋아하는 일과 해야 할 일은 분명 다르다는 결론에 도달했기 때문이다. 좋아하는 일을 포기할 필요는 없지만 그 또한 시기가 있다. 지금 하고 싶은 일을 하는 것은 어쩌면 또 다른 욕심일 수도 있겠다는 것이 나의 판단이었다. 좋아하는 일을 포기하지 않으면서도 무작정 미루는 것. 그것이야 말로 내게는 큰 용기이자 지혜이다.

돈보다
꿈이 중요한가요

"백수가 와이리 바쁘노."

서울을 가기 위해 가방을 매고 집을 나서는 아들을 향한 어머니의 물음이었다.

"어머니, 제가 직업이 없지 일이 없겠습니까."

여기서 기가 죽으면 괜히 초라해질까 봐 어느 때보다 당당한 어투로 말했다. 어머니는 그런 나를 가엾게 바라보셨다.

나는 깊은 산 속 고치처럼 방 안에서 여러 일을 했다. 그 중 가장 많은 시간을 쏟았던 건 온라인 카페 운영이었다. 처음엔 단순히 공부 노하우를 공유하려고 만들었는데, 그 규모가 점점 커지더니 어느덧 2천 명이 넘는 회원이 생겼다. 그 중엔 누구나 알 만한 큰 회사의 간부도 있었다. 그는 나에게 관심이 많았고 하루는 부회장님이 보자고 하신다며 약속을 잡았다.

당시의 내 재정 상황은 지금 쓰고 있는 글보다 궁핍했다. 부모님 사정도 좋지 않았고, 그나마 남아 있던 돈마저 갉아먹히듯 사라지고 있었다. 좋은 직장에 들어가기도 어려운 시점이었기에 현재의 경제 상황을 돌파하려면 큰 돈이 필요했다. 모 아니면 도라는 마음으로 사업을 해볼까 고민하던 때였다. 기차 안에서 여러 생각을 하며 서울역에 도착했다. 지하철로 이동해 그가 보내준 주소로 갔다. 거대한 빌딩이 우뚝 서 있었다. 나는 그 층수에 반비례하듯 점점 위축되었다. 안내를 받으며 이동하는 중에 등에서 땀이 흘렸다.

다시 한번 마음을 다잡았다. 어쩌면 이 순간이 내 인생을 바꿀지도 모른다는 생각이 머리를 스쳤다. 내가 관심 있는 분야에서 오는 기회는 흔치 않다. 큰 기업의 부회장이 숨쉬기 운동이나 같이 하자고 부르진 않았을 것이다. 뭔가 계획이 있을 것이다. 내 감각은 배고픈 맹수처럼 예민해졌다.

여러 생각을 하며 큰 방으로 들어갔다. 나를 안내해준 간부는 정중히 물러났다. 탁 트인 공간에 검은색과 흰색의 깔끔한 인테리어는 무거운 분위기를 자아냈다. 길게 늘어진 나무 테이블 끝에 고급스러운 옷을 입은 노년의 여인이 앉아 있었다. 그녀는 편히 앉으라고 말하며 차를 내어주었다. 그러나 이러한 경험이 처음이었던 나는 굉장히 긴장하고 있었던 탓에 호흡조차 힘들었다. 그녀는 고향이 어디냐며 오는데 힘들지 않았느냐고 묻고는 카페를 자주 봤다고 했다. 한동안은 마치 옆집 이웃처럼 사소한 이야기를 나눴다.

"그런데 말이에요. 강남에는 이런 사람들이 많아요."

안경 너머 그녀의 눈빛이 빛났다.

"의사는 자식들도 의사가 되기를 원하고, 판사는 판사 집안을 만들고 싶어해요. 그런데 나도 자식이 있어서 잘 알지만 아이들은 마음대로 되지 않아요."

나는 고개를 끄덕이며 조용히 이해한다고 답했다. 그러나 그 속뜻까지는 헤아릴 수 없었다. 그녀는 목소리를 조금 더 높여 말을 이어나갔다.

"그런 아이들에게 옆에서 꿈을 만들어주면 어떨까요? 유치원 때부터 대학에 갈 때까지요. 공부를 가르치라는 게 아니에요. 그들의 꿈을 옆에서 심어주고, 거기에 맞는 과외와 학원 정보를 모아 따라가게 하는 거죠. 10년이 넘는 장기적인 패키지가 될 수 있어요. 그런 집에서 돈은 문제되지 않아요. 무슨 말인지 이해되시나요?"

이게 바로 사업가란 말인가. 그녀의 명확한 말에 정신이 혼미해졌다. 나는 동기부여 강연도 해보았고, 컨설팅 경험도 있다. 그러나 내가 꿈꾸었던 것은 어디까지나 멘토였다. 아이들의 꿈을 키워주는 사람, 그게 내가 하고 싶은 일의 전부였다. 꿈의 뿌리를 뜯어내고, 내가 바라는 묘목을 심을 생각은 단 한순간도 해본 적 없었다.

돈은 수단일 뿐이며 꿈보다 값진 도구는 없다고 말할 수는 없다. 때로는 꿈조차 돈으로 살 수 있는 게 아닐까 하는 생각이 들기도 하니까. 분명 돈벌이는 될 것 같았다. 이것도 벌써 10년 전의 이야기니 그녀는 분명 시대를 앞서간 사람임에는 틀림없다. 어쩌면 내 인생을 뒤바꿔놓을 사람이었을지도 모른다. 그러나 이러한 제안은 억지로 삼키고 싶어도 속이 거부하고 토해내는 대상에 지나지 않았다. 돈은 행복을 보장하지는 않지만 많은 불편을 해결해준다. 그러나 때로는 자유를 앗아간다. 사랑할 자유, 함께할 자유, 선택할 자유.

나는 고결하지 않다. 세포 한 조각까지 돈의 무서움에 떨고 있다. 다만, 할 수 없는 일은 할 수 없는 일이다. 그녀의 말이 옳을지도 모르지만 나에게는 어울리지 않았다.

"저에게 맞지 않는 일 같습니다."

나는 정중히 거절했다. 그녀 역시 깍듯한 인사를 건네며 마지막으로 내게 말했다.

"사업가는 아니시군요."

집으로 돌아가는 버스에 몸을 실었다. 그 후에도 몇 군데에서 학습 캠프 등의 제안을 받았다. 그러나 그들의 말은 들을 때면, 서울 빌딩에서 맡았던 차 냄새 같은 미묘한 향기가 났다. 그녀의 말이 맞았다. 사업가는 아니다. 돈이 전부는 아니라는, 지금 시대엔 어쩌면 바보 같은 믿음을 끝내 놓지 못했다. 누군가는 어리석다 하겠지만 나는 그 믿음대로 원래의 자리로 돌아왔다. 그날 밤, 달은 뜨지 않았고 세상은 까만 잠에 빠져 있었다. 나는 홀로 깨어 동이 트기를 조용히 기다렸다.

3장

우리가

두려워하는 것들

맞서지 않을
용기

　무료한 주말, 일단 좋은 곳에 가보자는 마음으로 아침 일찍 스파에 갔다. 다른 곳보다 값이 비싸 자주 가지는 못하지만 쾌적하고 즐길거리도 다양해 인기가 많은 곳이다. 사우나를 하기 전에 몸을 씻고 뜨끈한 욕탕에 몸을 담글 생각을 하니 나오길 잘했다는 생각이 들었다. 옷을 벗고 온천수가 가득 찬 목욕탕으로 걸어갔다. 유리문을 열자 후끈한 열기가 한여름의 더운 바람처럼 온몸을 휘감았다. 그 열기가 기분 좋게 느껴졌던 덕분인지 나는 서둘러 샤워장으로 향했다. 향긋한 냄새가 온몸을 감싸던 찰나, 어디선가 짐승이 울부짖는 듯한 소리가 들렸다. 처음엔 착각인가 싶었지만 그 소리는 내가 머리를 감고, 몸을 헹굴 때까지 멈추지 않았다. 조금은 불편해진 마음에 고개를 갸웃거리며 소리가 나는 쪽으로 돌아섰다. 소리의 진원지는 중앙에 자리 잡은 대욕탕이었다. 눈이 좋지 않아 정확히 볼 수는 없었지만, 마치 거대한 하마가 물 위로 얼굴만 내밀고 울부짖는 것 같았다. 짐작도 할 수 없는 상황이 주는 당혹감에 한참을 서 있었다.

  온천욕을 하기로 마음먹고 정신을 가다듬으며 천천히 욕탕으로 걸음을 옮겼다. 그런데 이상하게도 가장 넓은 욕탕은 텅 비어 있었고, 사람들은 모두 옆의 작은 탕에 몰려 있었다. 괴이한 소리는 끊임없이 이어졌고, 그 소리를 따라 걸음을 재촉했다. 가까이 다가서자 시력이 좋지 않은 내 눈에도 그 형체가 뚜렷하게 보였다. 그것은 거대한 체구에 넓적하고 무겁게 짓눌린 듯한 얼굴을 하고 있었다. 짧게 깎은 머리 아래로 거칠고 덥수룩한 수염이 턱을 험상궂게 감싸고 있었으며, 짧고 뭉툭한 코와 두툼하게 돌출된 입술이 위압적인 분위기를 더했다. 작고 길게 찢어진 눈은 풀려 있었고 그의 주변엔 짙고 독한 술 냄새가 무겁게 깔려 있었다. 그는 간간이 "우흐흥" 하고 짐승처럼 낮은 소리를 내뱉다가도, 뜬금없이 "아이고 좋다"는 중얼거림을 흘리며 간신히 인간임을 증명하는 듯했다.

  소리는 갈수록 더 커지더니 옆 탕에 앉아 있던 할아버지가 참다 못해 나직하게 말문을 열었다.

"아, 여가 대중탕 아잉교. 쫌 조용히 해야 안 되겠스예?"

  할아버지의 지극히 당연한 말에 주변 사람들이 고개를 끄덕였으나 욕탕 안에 있던 이는 물을 튀기며 발끈했다.

"할배 니 지금 내한테 하는 말이가? 내가 사람을 치기를 했나 아니면 칼로 찌르기를 했나. 내가 뭘 잘못했노. 진짜 착하게 살라고 이렇게나 조용히 살고 있는데 와 아무도 나를 안 도와주는 기고!"

그의 목소리는 욕탕을 가득 채웠고, 순간적인 감정을 주체할 수 없었는지 자리에서 벌떡 일어났다. 동화책에서 깊은 감명을 받았는지 등에는 시커먼 도깨비 그림이 자리 잡고 있었다. 나무 기둥 같은 팔뚝에는 "차카게 살자"라는 문신이 번들거렸다. 그는 성큼성큼 걸어 할아버지 쪽으로 다가갔다. 그리고는 바닥에 가래를 퉤 뱉고 말했다.

"아이 씨, 착하게 살려고 하는데 내 좀 도와주든가 해라. 아, 답답해서 못 살겠다, 진짜!"

그는 더이상 할 말을 찾지 못한 듯 몸을 돌려 욕탕 밖으로 나갔다. 비틀거리며 멀어져 가는 그의 모습 뒤로 혼잣말 같은 투덜거림이 이어졌다.

"오늘 운수 참 드릅다. 정신 없는 할배를 만나가 내 기분만 확 잡쳤다!"

그가 사라진 뒤에도 목소리가 메아리치는 것 같았다. 입출구에는 "과도한 문신을 한 사람은 입욕을 금한다"는 경고 문구가 적혀 있었다. 할아버지는 한숨을 깊게 내쉬며 혀를 찼다. 젊은 내가 나서는 게 옳았을까 싶었으나 그랬다고 한들 상황이 크게 달라지지는 않았을 것이다. 나이가 들수록 깨우치게 되는 건, 무례한 사람들은 교정의 대상이 아니라 무조건 피해야 존재라는 것이다. 그들을 상대할 용기가 줄어드는 것일지도 모르지만 나는 그런 무례한 사람들과의 충돌을 가족에게도 피하라고 말한다.

가끔 이런 사람들에게 훈수를 두다 얻어맞으면 합의금도 벌고 좋다는 농담을 하는 이들이 있다. 하지만 그들은 실제로 인생을 막 사는 사람들과 대면하거나, 말을 섞어본 적이 없는 이들일 것이다.

나는 직업 특성상 다양한 사람을 만나곤 하는데, 그들 중에는 영화에서나 볼 법한 사기를 치고 온 전과자도 있고, 누군가의 목숨을 빼앗은 살인자도 있다. 이런 사람들과의 대면은 나로 하여금 한 가지 사실을 깨닫게 한다. 사우나의 문신남만큼 무례한 자들을 멀리해야 하는 가장 큰 이유는 이들은 더이상 잃을 게 없는 사람들이라는 것. 이들은 대개 금전적인 여유도 없지만, 행여나 돈이 생기더라도 국가에 마땅히 내야 할 돈을 내어주지 않는다. 유치장과 감옥은 잠시 머무는 곳 정도에 지나지 않는다. 정상인의 기준으로 범죄자의 사고를 이해하려는 시도는 가슴만 답답하게 할 뿐이다.

때로는 용기내어 나서지 못하는 내가 부끄럽다. 그러나 어쩔 도리가 없다. 남자가 살다 보면 사람 좀 때릴 수도 있다며 폭행범을 지지하는 그의 가족들, 피해자는 생전에 행복했으니 괜찮다고 말하는 살인수를 볼 때면 피하는 것이 상책일 수도 있겠다는 생각이 저절로 생긴다. 타인에게 피해를 끼치고 사는 이들을 자주 접하게 될수록 피하는 것이 상책이라고 생각하게 된다.

진짜 없었던 건
시간이 아니야

 해야 하는 일에 밀려 잊혀버린 꿈들이 있다. 좋은 글 써보기, 고요하지만 낯선 장소에 가 하루 종일 책 읽기, 입소문이 자자한 드라마 몰아보기. 조금은 부끄럽지만 온몸을 근육으로 뒤덮겠다는 의지도 있었다. 그러나 이 모든 것이 몇 년이고 '꿈'으로만 머물러 있는 이유는 '시간이 없다'는 핑계 때문이다.
 그러던 어느 날, 두 달이라는 자유 시간이 주어졌다. 심지어 유급이었다. 돈 걱정 없이 맘껏 취할 수 있는 시간이었다. 나이가 들수록 주어지는 시간은 귀하다. 이 시간을 통해 평화롭게 책을 읽고, 몸을 단련하고, 글을 써서 긴 겨울 땅을 뚫고 올라오는 꽃처럼 아름다운 문장을 피워내겠노라 다짐했다. 그러나 한 달이 흘렀을 때, 내게 돌아온 건 상상과는 다른 현실이었다. 내가 간 곳이라곤 단골 카페가 전부였고, 읽겠노라 다짐했던 책은 몇 페이지 넘기지도 못한 채 다시 닫혔다. 드라마는 검색만

하다 흥미를 잃었고, 게임은 미뤄두었던 일들을 더 미루게 되는 건 아닐까 두려워 시작조차 하지 못했다. 몸은 인바디 검사를 한 뒤 출력물을 찢어 버리고 싶을 정도로 좋아질 기미가 없었다. 늘어난 건 유튜브 쇼츠를 내리는 손가락의 숙련도와 알고리즘이 던져주는 무의미한 영상뿐이었다. 일도 안 하는데 몸은 더 피곤했다. 뭔가를 창조하려는 의지나 산책을 나가려는 기운은 부족했고, 조금만 더 자다 나가자는 혼잣말은 매일 오후 늦은 시간까지 나를 눕혔다. 일어나도 허리가 아파, 걸어 다니는 것조차 생존을 위한 최소한의 움직임만 허용되었다.

새벽에 깨어 딴짓을 하다 보니 수면의 질은 떨어졌고, 늦은 시간에야 기운을 내 침대에서 일어났다. 식사도 밥 대신 빵과 과자로 대충 때웠고, 설거지나 빨래도 기분 나쁘지 않을 만큼만 마무리했다. 저녁이 되면 허기가 져서 폭발적인 맛을 선사할 치킨, 족발, 피자를 주문하고, 손이 닿는 대로 영상을 틀어 놓고 먹는 나를 발견한다. 배부른 후회가 밀려오지만, 곧 다시 잠에 빠져들었다. 이런 날이 하루 이틀이겠거니 했지만 벌써 한 달이 지났다.

문득 은퇴를 하면 이렇게 살게 되는 걸까 생각하니 오금이 저렸다. 한때는 아침에 모닝커피를 마시며 하얗게 센 머리를 곱게 정리하고 여유롭게 글을 쓰는 나를 상상했었다. 그러나 지금의 나는 어떠한가. 거실을 어슬렁거리며 음식과 영상을 탐하는 본능만 남아 있을 뿐이다. 해야만 하는 일이 사라져버린 뒤의 내 모습이 고작 이정도밖에 되지 않는다는 사실에 소름이 돋았다. 가장 놀라운 건 시간이 생겼는데도 운동 시간은 되려 줄었다는 점이었다. 하루는 생각보다 짧다. 그리고 나는 내가 하고 싶은 일을 할 준비가 되어 있지 않았다. 시간이 없어서 못 한다고 변명했던 일들은 사실 핑계일 뿐이었다. 시간은 무한히 늘어나는 고무줄과도 같다. 누워 있을수록 끝없이 늘어지고, 마음 먹고 무언가를 걸치기 시작하면 그 자리를 버텨낸다.

지금 해야 하는 건 시간을 기다리는 일이 아니다. 진정 원하는 삶을 시작하는 것이다. 시간은 내가 움직이는 만큼만 살아 숨 쉰다. 진짜 없었던 건 시간이 아니라, 시간이 없다고 스스로를 묶어둔 나 자신이었다.

주류가
되기까지

 고등학교 때부터 고향을 떠나 있었다. 대학도 직장도 늘 다른 도시였고, 누군가에게 먼저 안부를 묻는 성격도 아니라 고향 친구들과는 멀어져 있었다. 하지만 고향 친구들은 여전히 끈끈하게 지내고 있었는데, 내심 그들과 어울리고 싶었던 나는 고향에 내려간 날 동창 모임이 있다는 소식을 전해듣고는 참석하고 싶다는 의사를 내비쳤다. 그는 선뜻 반겨주었는데 그 마음이 참 고마우면서도 오랜만에 느껴보는 듯한 고향의 정이 반가웠다.
 저녁이 되고 약속 장소인 족발집으로 갔다. 동네에서 제일 큰 마트 뒤쪽에 있는 낡은 가게였는데, 막상 들어가려니 부끄러웠다. 그래도 용기를 내 문을 열고 들어가 보니 예상보다 내부는 깨끗하고 넓었다. 룸이 따로 구비되어 있어 홀을 지나 안으로 들어가자 낯익은 얼굴들이 방 안에 모여 있었다. 나는 어색하게 인사를 건넸다.

"아이고야 서울 사람 다 됐네. 옛날엔 엄청 까맸는데 얼굴이 하얘졌네."

"반갑다. 얼마 만이고. 표준어를 쓴다니... 낯간지럽네."

오랜만에 들은 고향 사투리가 어색하게 느껴졌다. 내가 서울에서 사투리 때문에 놀림을 받던 것과는 달리 고향에서는 서울 사람처럼 보인다는 게 신기했다. 어느새 방은 가득 찼고 한 친구가 자리에서 일어나 한 명씩 확인하더니 말했다.

"성수 빼고 다 왔네. 대전에서 팬미팅 한다고 좀 늦는단다."

그 이름이 어딘가 친숙하면서도 흐릿했다. 옆자리에 앉아 있던 친구에게 물으니 그가 말했다.

"닌 기억 안 나제? 성수는 학교 다닐 때 공부도 잘 못하고 조용했던 애다. 혼자 무협지나 판타지 소설만 읽던."

설명을 들으니 그에 대한 어렴풋한 기억이 떠올랐다. 연예인이라도 됐나 싶어 친구에게 물어보니 크게 웃으며 말했다.

"성수가 얼굴로 먹고 살면 나도 대배우가 됐지! 성수는 지금 웹소설 작가다. 작품들이 대박 나서 고향 친구들 중에서는 제일 성공했다이가."

나는 조금 놀라면서도 부러움이 생겼다. 웹소설로 성공하다니. 언젠가 유명 플랫폼에서는 10위 안에만 들어도 아파트 한 채 값은 나온다는 얘기를 들은 적이 있다. 30분 정도 지났을까. 문이 열리며 한 사람이 들어왔다. 성수였다. 검은색 캐주얼 정장을 입은 그는 단정하면서도 편안해 보였다. 얇은 셔츠가 몸에 여유롭게 감겨 있고, 바지는 주름 하나 없이 깔끔했다. 구두 대신 로퍼를 신어 자연스러우면서도 격식 있는 인상을 주었다. 작았던 체구는 크게 변하지 않았지만, 얼굴에는 미세한 피로감이 엿보였고 여유 있는 미소가 그를 성숙하게 보이게 했다.

 방 안의 모든 시선이 자연스럽게 성수에게로 향했다. 특별히 주목받으려 하지 않았지만 존재감이 사람들을 끌었다. 성수는 익숙한 얼굴들을 둘러보며 미소를 지었고 가볍게 손을 흔들며 인사를 나눴다. 오랜만의 만남이었지만 공통된 추억이 많은 덕분에 대화는 자연스럽게 이어졌다. 그러다 나는 성수에게 글을 쓰는 재능이 대단하다고 칭찬했는데, 그는 손사래를 치며 꾸준히 썼을 뿐이고 운이 좋았을 뿐이라고 했다. 조금은 놀리는 말투로 너무 겸손한 것 아니냐고 묻자 그는 제법 진지한 투로 말했다.

 "요즘에는 재미있는 글들이 너무 많아서 지금 시작했으면 내 글은 아마 연재도 못 했을 걸? 작가들이 웹소설에 관심이 별로 없을 때 내가 운 좋게 초기 진입한 거지. 이쪽 시장이 커질 것 같았거든."

 그의 말처럼 행운만으로 성공한 것은 아니었다. 성수는 아무도 관심을 가지지 않을 때도 홀로 책상에 앉아 글을 썼을 것이다. 텅 빈 무대에서 열창하는 가수처럼 자신만의 길을 걸어왔겠지. 언젠가 불어오는 바람처럼 기회가 찾아올 수 있지만, 그 기회를 움켜쥘 수 있는 사람은 준비된 사람뿐이다. 초창기의 가상화폐와 웹소설처럼 비주류에 발을 들일 수 있는 결단력과 실행력에 대해 다시 한 번 생각하게 되었다.

 사람들은 왜 에세이를 읽을까. 나는 그 이유가 타인의 삶에서 가장 극적인 순간을 끌어안고 싶어서라고 생각한다. 그들의 옅은 시간을 걷어내고, 가장 찬란했던 경험과 교훈을 내 것으로 삼고 싶은 마음일 것이다. 나 역시도 수많은 '개똥철학'을 가지고 있다. 사랑에서 중요한 것이 무엇인지, 관계에서 지켜야 할 원칙은 무엇인지, 40년간 다듬어온 나름의 기준들이 있다. 하지만 그 기준들이 얼마나 유익한지에 대해서는 확신이 없다. 사람마다 사랑에서 가장 중요한 것이 다르고, 관계에서 핵심이라 여기는 것도 다르기 때문이다. 각자의 기준은 다르고 그 다양성은 끝이 없다.
 무엇이 인생에서 가장 큰 가치를 지니느냐에 대해 말하는 일은 굉장히 조심스럽다. 그러나 누군가에게 인생의 조언을 해야 한다면 나는 일단 해보라고 말할 것이다. 아무도 관심을 주지 않을 때, 전자화폐나 웹소설처럼 아직 발길이 닿지 않은 미지의 세계에 먼저 한 발 내디뎌 보라는 것이다. 액수나 시간의 많고 적음은 중요하지 않다. 남들이 멈춰서 고민할 때, 그 한 걸음을 내디딘 사람이 결국 기회를 잡는다. 빠른 시작을 위해서는 준비와 용기가 필요하며, 무엇보다 실행력이 따라야 한다.

한 걸음씩 천천히 나아가는 사람에게는 예상하지 못한 풍경이 펼쳐질지도 모른다. 그러니 멈추지 말고 누군가 한 발 내디딘 그 순간 함께 그 길을 걸어보자. 대단한 철학이 아니더라도 작은 걸음이 나만의 길을 만들어 줄지도 모르니.

한 마디

"자네 담배 피우는가?"

공무원으로 발령받은 지 얼마 안 되었을 때, 주임이 문 앞에서 물었다. 비흡연자인 나는 담배를 피우지 않는다고 정중히 답했고, 주임은 사실 담배는 몸에 해로운 것이라며 너털웃음을 짓고는 혼자 흡연실로 향했다. 주임은 담배 동료 찾기에 실패한 것이 아쉬운 듯 입맛을 다셨다.

점심시간, 동기와 마주쳤다. 마침 휴일을 앞두고 있어 몇 명이 함께 저녁 약속을 잡았다. 그런데 몇 시간 뒤, 흡연실에서 돌아오는 주임은 어디에서 들었는지 내가 동기들과 잡은 저녁 약속을 아는 체하며 웃었다.

저녁 모임의 중심은 재훈이었다. 평소 누구보다 조용했던 그는 소맥을 사약처럼 들이켰다.

"소개팅에서 차였어. 내 딴엔 자상하게 대한다고 노력했는데 성의 없어 보였대."

그는 지금 입고 있는 슬리퍼와 반바지 차림 그대로 나갔다고 했다. 진짜 모습을 보여주는 게 중요하다고 믿는 그의 말에 나는 그럴 거면 차라리 알몸으로 가지 옷은 왜 입고 나갔냐고 말했다. 더 충격적인 건 상대가 라면을 좋아한다는 말을 듣고는 소개팅에 가기 전 마트에서 라면 다섯 봉지를 사서 갖다주었다는 것이다. 속으로 이 친구에게 내 지인은 절대 소개해주지 말자고 결심했다.

며칠 지나지 않아 주임은 재훈 앞에서 은근슬쩍 소개팅 이야기를 꺼냈다. 주임의 정보력에 놀라는 내게 한 선배는 이렇게 말했다.

"학연, 지연, 혈연 위에 뭐다? 흡연이다."

깡통처럼 생긴 흡연실이 사실은 사무실의 생생정보통이었다. 친분은 흡연실에서 쌓였고 그들은 소수라 더 끈끈했다. 사회생활은 학교에서 배우지 못한 센스를 요구한다. 누가 알려주지 않는 걸 알아야 하고 말하지 않아도 분위기를 읽어야 한다. 얼핏 보면 센스는 타고나는 것처럼 보이지만 대부분은 깨지고 부딪히며 배운다.

최근 신입이 들어왔다. 팀장은 환영회 겸 회식을 열었다. 찜 요리로 배를 채우고, 2차로 호프집을 제안했다. 신입에게 술은 마시지 않아도 되니 같이 가자고 했으나 그는 정중히 사양하고는 먼저 귀가했다. 자연히 남은 팀원들의 화제는 신입으로 옮겨갔다. 사회성이 좀 부족하다는 말로 시작된 신입에 관한 이야기는 급기야 그의 업무 태도로까지 이어졌다. 일을 배우는 게 느리더라, 말귀를 잘 못 알아듣더라 등의 다소 주관적인 평가들이 오고갔다. 빈 술잔을 바라보며 과거의 내 모습을 떠올렸다. 나 역시 술도 담배도 모임도 좋아하지 않았다. 누군가는 그런 나를 좋게 보지 않았을 것이다. 나는 침묵을 지킬 수밖에 없었다. 신입은 새벽까지 이어진 회식에서 마른안주처럼 계속 씹혔다.

며칠 뒤, 우연히 퇴근길이 겹친 신입에게 첫 회식은 어땠냐고 물어보았다. 어색하지 않았고, 다들 친절하게 대해줘서 좋았다고 했다. 2차는 단순히 술을 좋아하는 사람들끼리 모이는 자리인 줄 알았고, 주변이 시끄러워 더는 자세히 듣지 못했다고 했다. 모든 오해는 그렇게 사소한 데서 시작된다. 잊고 놓친 말 한마디가 다리를 놓지 못하게 한다.

나의 부족한 센스를 채워주는 것도 결국 말이었다. 옆자리 동료의 핀잔 한마디, 술자리 농담 속 조언 한마디. 하지만 그 한마디를 전하는 일은 생각보다 어렵다. 건네려는 이는 '꼰대', 받으려는 이는 '오지랖'이라 치부해버린다. 이 미묘한 감정들이 사람 사이의 중요한 연결고리를 끊고 있다는 생각이 들었다. 아마도 지금 나에게 필요한 용기는 거창한 정의감이 아니라, 옆 사람에게 조심스레 말을 건네는 작은 용기일 것이다.

원하는 걸 얻으려면 스스로 말해야 한다. 누군가의 따뜻한 말 한마디를 기대하기 전에, 나는 스스로에게 묻는다. 지금 이 순간 누군가에게 건넬 말을 나는 준비하고 있는가. 사람은 작고 단순한 말 한마디로 따뜻해질 수 있다. 나 역시 그러했고 누군가도 그럴 수 있을 것이다.

인생은
찍먹

갓 튀겨낸 탕수육은 보기만 해도 군침이 돈다. 고소한 기름 냄새가 코끝을 자극하고 얇고 가벼운 튀김옷이 부드러운 고기를 감싸며 절묘한 조화를 이룬다. 화룡점정으로 새콤달콤한 소스가 흘러내리는 순간 탕수육의 유혹은 절정에 다다른다.

우리 가족에게 탕수육은 음식 그 이상이다. 소스를 붓느냐 소스는 그대로 둔 채 탕수육을 찍어 먹느냐를 두고 가족 간의 의견 충돌을 일으키는 '전통적인 가정 파괴범'이었던 것이다.

소스를 미리 부어 촉촉하게 먹는 것을 선호하는 '부먹파'인 아버지와 소스에 찍어 바삭한 식감을 즐기는 '찍먹파'인 어머니의 탕수육 갈등은 그 역사가 제법 길다. 겉보기엔 단순한 식성 차이처럼 보이지만 사실 여기에는 삶을 대하는 두 분의 너무나도 다른 태도가 그대로 반영되어 있다. 정해진 길을 안전하게 따라가는 아버지, 무슨 일이든 일단 시도해 보고 맞춰가는 어머니.

두 분의 성향은 너무나도 달랐다. 내가 삶을 살아가는 방식은 부먹파에 가깝다. 그러나 나이가 들수록 인생은 날먹이 최고고 안 되면 찍먹이라도 해야 한다는 생각이 종종 든다.

어느 해 겨울, 나는 신규 교육을 받기 위해 연수원으로 향했다. 방은 2인 1실이었고, 진행은 조별로 이루어져 한 팀이 4명 정도로 생활을 함께했다. 성적에 따라 발령지를 선택할 수 있었기에 모두가 평가에 민감했다. 특히 우리 기수는 경쟁이 치열해 새벽 2시에도 불이 꺼진 방을 찾기 어려울 정도였다. 시간이 갈수록 학습 열기는 더욱 뜨거워졌다. 주말에도 집에 내려가지 않고 인근 모텔에서 스터디를 하며 밤새 공부하는 팀이 생겼다. 그 와중에 유독 시험을 신경 쓰지 않는 방이 하나 있었다. 그들은 스스로의 행동을 숨기려 했지만 모두가 눈치채고 있었다.

"혹시 204호 이야기 들었어?"

침대에 누워 암기장을 보고 있는데 한 살 많은 룸메이트가 말을 걸었다.

"시험 공부는 안 하고 매일 이상한 거 연구한다는 방이요?"

"맞아, 도박 중독 같다더라고. 심지어 아직 시보인데도 공무원 대출을 한도까지 다 받았대."

모아놓은 돈도 아니고 시작도 하기 전에 마이너스 통장을 끌어 쓴다는 이야기는 다른 세상 일 같았다. 안정성을 추구하는 나로서는 도저히 이해할 수 없는 행동이었다. 룸메이트도 나와 같은 생각인 듯 말했다.

"그래도 좀 과하지 않나. 뭐라더라, 비트코인을 공부한다고 하던데."

차마 모든 말을 나누지는 않았지만, 연수원 내에서는 그들이 한탕주의에 빠진 노름꾼처럼 여겨지고 있었다. 당연히 그들과 가까이 지내려는 사람은 없었다. 지금은 코인에 대한 인식이 많이 바뀌었지만, 당시엔 뉴스에서 한두 번 접해본 게 전부였다. 실제로 코인을 거래한다는 사람은 드물었고, 가끔 뉴스에서 피자를 코인으로 주문했다는 이야기가 나와도 내게는 그저 허황된 이야기처럼 들렸다.

연수원 생활이 끝난 이후로는 그 일을 잊고 살았다. 이후 포항으로 발령을 받아 근무하던 중 코로나가 발병했고, 뉴스에서는 연일 코인 열풍에 대해 보도했다. 평소처럼 점심을 먹고 휴게실 소파에 앉아 있는데 동기가 옆에 털썩 앉았다.

"진짜 아쉽네요."

나는 무슨 일이 있었냐고 물었다.

"예전에 연수원에서 코인 공부하던 방 기억해요?"

오랜만에 듣는 이야기였다. 들어보니 동기는 그 방의 조원 중 한 명이었다.

"저는 그런 투자에 관심이 없어서 팀원들이 엄청 꼬득일 때도

저 혼자만 투자를 안 했거든요. 너무 후회되네요."

그때 룸메가 장난삼아 1원으로 코인을 사주었고, 시간이 지나 계좌를 열어보니 1원은 치킨값 정도로 늘어나 있었다고 했다. 만 원을 넣었더라면 어땠을까 하는 후회가 밀려왔다고 했다. 자연히 연수원 시절 같은 방을 썼던 이들의 근황이 궁금해졌다.

"한 명은 서울에서 좋은 집 한 채 샀고, 제일 주도적으로 했던 분은 200억이 넘어서 바로 사표를 내고 호주인가 어딘가로 떠났다고 하더라고."

인터넷에서 대박을 터뜨렸다는 사람들이 그 방 사람들이었다니 기분이 묘했다. 나는 투자에 적극적인 편은 아니다. 돈은 잃은 자는 말이 없고, 극단적인 상황에 처해야 비로소 그 사실이 알려진다. 그러나 새로운 것에 도전을 할 경우 때로는 그것이 큰 이득으로 돌아올 수도 있다.

스티브 잡스가 휴대폰을 스마트폰이라는 새로운 디바이스로 변혁하며 세상을 바꿨고, 샘 알트만은 인공지능을 누구나 쓸 수 있는 도구로 바꿔 인간의 일과 생각의 방식 자체를 변화시켰다. 무에서 유가 탄생할 때 돈이라는 열매가 맺힌다.

물론 창조는 쉽지 않다. 잡스 같은 독창적인 천재성이나 알트만처럼 기술을 현실로 바꾸는 통찰력은 타고난 재능일 것이다.

그래서 지극히 평범한 나 같은 사람은 주변에서 똑똑한 사람을 발견하면, 그 사람을 따라가보는 것도 하나의 방법이 될 수 있다. 돌격 앞으로가 아닌 조용히 뒤를 따르는 것이다. 스티브 잡스를 일찍이 알아보고 애플 주식을 보유한 사람들은 부자가 되었다. 똑똑함보다는 재빠르게 기회를 잡은 것이 성공 요인이 되었다. 물론 이 역시 쉬운 일은 아니다. 운도 따라야 하고, 정보에도 예민해야 하며 과감한 결단력까지 필요하다. 그래도 이러한 능력은 약간의 공부와 노력으로 갖출 수 있으니 새롭게 벌어지는 세상만사에 조금 더 귀를 기울여보면 오늘과는 확연히 다른 내일을 기대해볼 수도 있을 듯싶다.

바람에 흔들리는
들풀처럼

 고시반 동기 네 명이 처음으로 밖에서 만나기로 했다. 함께했던 고시생 시절은 아득한 추억이 되어버렸지만 그 기억은 우리를 단단히 이어주는 끈이 되었다. 동기 중 한 명인 태우의 안내로 좁고 복잡한 골목길을 지나 유명한 닭집으로 향했다. 오토바이가 지나갈 때마다 벽에 몸을 붙여야 할 정도로 좁은 골목길에는 낡은 가게들이 다닥다닥 붙어 있었다. 처음 와본 나는 길을 잃을 것만 같았지만, 태우는 익숙한 듯 앞장서서 길을 안내했다. 그가 손가락으로 가리킨 곳은 "닭 한 마리"라고 적힌 낡은 음식점이었다. 문 앞 둥근 철제 테이블에는 사람들로 가득 차 있었다. 은은하게 풍겨오는 육수 냄새가 허기를 자극했다. 태우는 그래도 오늘은 사람이 적은 편이라고 했다.
 우리는 번호표를 받고 녹슨 문 옆에 놓인 파란 플라스틱 의자에 앉아 기다렸다. 그때 골목 끝에서 범준과 승엽이 모습을 드러냈다. 범준은 검은색 정장을 입고 있었고, 승엽은 부드러운 눈매로 캐주얼한 옷차림을 하고 있었다. 두 사람은 우리를 보자마자 반갑게 손을 흔들며 다가왔다.

"왜 이렇게 소식이 없었어? 산에 들어가 도라도 닦고 있는 줄 알았네."

승엽이 웃으며 말했다. 범준도 맞장구를 치며 서울에 있는 동기들은 가끔 소식이라도 들었는데, 너는 정말 깜깜했다며 장난스럽게 핀잔을 줬다. 우리는 웃음 속에서 자연스럽게 과거의 추억을 나누었다. 그때 닭 한 마리가 담긴 큼지막한 냄비가 우리 테이블로 왔다. 낡은 냄비는 군데군데 찌그러져 있었지만 오히려 그 정감이 더 크게 다가왔다. 육수는 뜨거운 김을 뿜어내며 보글보글 끓어오르기 시작했고, 국물 속에 매운 고추와 대파가 둥둥 떠 있는 칼칼한 국물은 보기만 해도 속이 시원해질 것 같았다. 우리는 뜨거운 국물에 닭살을 뜯어 먹으며 오래된 기억들을 꺼내 놓았다.

범준과 태우는 고시반 시절의 웃지 못할 에피소드를 하나씩 이야기했다. 휴게실에서 공부하던 장면들이 그 시절 그대로 떠올랐고, 범준의 커다란 웃음소리가 시끄러운 가게 안을 울리며 우리 모두를 그 시절로 다시 데려갔다. 익숙한 대화 속에서 우리는 과거와 현재를 잇는 공감대를 나누며 함께하는 시간을 만끽했다.

"너는 요즘 뭐하고 지내?"

이야기가 잦아들 무렵 승엽에게 물었다. 승엽은 미소를 지으며 대답했다.

"나 외국에 나가. 선교하러."

내가 놀라 웃자, 승엽은 한참 동안 웃으며 말했다.

"결혼도 했고, 애도 있어."

나는 잠시 놀랐지만 그의 말이 묘하게 자연스럽게 들렸다. 승엽은 교회에 열심히 다니던 친구였으니 말이다. 다만, 사법고시를 포기하고 종교인의 길을 걷기로 한 것은 예상치 못한 일이었다. 승엽은 나의 놀란 표정을 보며 현재의 삶이 자신에겐 가장 행복하다고 했다. 우리는 각자 다른 길을 선택했지만, 그 누구도 후회하지 않았다. 모두 자신의 자리에서 각자의 행복을 찾고 있었다. 닭 한 마리에서 시작된 이야기는 그렇게 저물어갔다.

시간을 더 보내고 싶었으나 기차 시간이 다가오는 탓에 내가 제일 먼저 일어서게 되었다. 지하철을 타고 가는 길에 공무원의 인기가 줄고, 자격증 시험에 몰리는 사람들이 많아졌다는 어느 기자의 글을 읽었다. 댓글은 시험에 떨어지면 미래가 없다는 걱정으로 가득 차 있었다. 순간 오늘 만난 친구들의 얼굴이 다시 한번 스쳐지났다. 각자의 삶을 성실히 살아가고 있는 이들, 오히려 실패를 경험했기에 스스로에게 어울리는 길이 무엇인지 알게 된 것일지도 모른다.

  나는 신중하고 꼼꼼한 성격 덕에 공무원이 되었고, 듬직한 범준은 회사에서 자신의 능력을 펼치고 있다. 여유로운 성격의 태우는 자신이 원하던 로스쿨에 진학해 꿈을 이루었고, 믿음이 강한 승엽은 종교인의 길을 선택했다. 우리가 모두 판검사가 되었다면 그것은 그것대로 또 다른 이야기의 시작이 되었겠지만, 지금의 모습이 훨씬 더 우리답다는 생각이 들었다. 시험에 합격했다면 어쩌면 본연의 모습과는 다른 삶을 살았을지도 모른다. 모두가 각기 다른 세계로 흘러가고 있으며, 오히려 새로운 시작을 가능케 해주었다. 나는 읽고 있던 기사 댓글란에 짧은 글을 남겼다.

  "합격해도 좋고, 떨어져도 끝은 아니다. 우리는 결국 각자의 길을 찾아가게 되어 있다. 흔들리는 들풀처럼, 바람에 따라 새로운 곳에서 피어나게 될 것이다."

책과
된장국

 책은 재미없다. 영화처럼 소리가 웅장하게 울리며 커다란 화면으로 압도적인 색채를 주지도 않고, 게임처럼 살아 움직이며 직접 조종하는 자유를 주지도 않는다. 누군가는 책을 읽으며 상상할 수 있어서 좋다고 하지만 차라리 바다를 보고 사색에 빠지는 게 더 좋지 않은가. 물론 책을 좋아하는 사람도 많다. 친형만 보더라도 그렇다. 틈만 나면 햇살이 잘 드는 창가에 앉아 소파에 팔을 걸치고 책을 읽는다. 세상은 넓고 다양한 사람들이 살지만, 평범한 사람의 관점에서 보면 쉽사리 이해되지 않는 취미이기도 하다.

 나 역시 책을 열렬히 탐독하던 시절이 있었다. 당시의 나에겐 책이 곧 도피처였다. 복잡한 일로부터 잠시 멀어지기 위해 책 속에 숨었다. 지금의 나는 책을 아무리 잘 쳐줘도 놀이와 일의 중간 어디쯤에 위치시킬 것이다. 엄청나게 재미있지도 그렇다고 억지로 삼켜야 하는 음식처럼 나쁘지도 않은 존재 말이다.

세상은 종종 책을 만병통치약처럼 치켜세우지만 내게 책은 그저 한 그릇의 된장국에 불과하다. 어머니가 저녁상에 된장국을 내어줄 때면 마음이 따뜻해지고 그 따뜻함 때문에 어느새 또다시 찾게 된다. 된장국을 좋아하는 이유는 사람마다 다를 것이다. 뜨끈한 맛이 좋아서 구수한 향이 일품이라서 포슬포슬한 두부가 맛있어서. 책도 마찬가지다. 좋아하는 마음은 같아도 사람마다 그 지점은 미세하게 다르다.

간혹 만나는 사람들에게 책을 읽는 이유를 묻다 보면, 한 가지 공통점을 발견한다. 책은 우리가 가질 수 없었던 다른 시야를 준다는 것이다. 세상은 혼자 읽는 교과서 같다. 가르쳐주는 이 하나 없이 스스로 보고 깨우친 만큼만 이해하며 살아가게 된다. 그럴 때 타인의 이야기는 시야를 넓혀 준다.

예전 모임에 심각한 '빌런'이 있었다. 그 사람은 자리마다 비속어를 남발하고 본인의 신세한탄만 했다. 왜 모임에 나오는지 이해조차 되지 않던 사람이었다. 나는 당연히 이 빌런을 어떻게 해야 할까 고민하고 있었는데, 한 사람이 말했다.

"저런 사람이 있으니 재미있잖아요. 단합도 잘 되고."

그 말에 머리를 탁 쳤다. 마음이 열려 있는 것 같아도 사실은 무척이나 폐쇄적이라는 걸 다시 한번 깨달았다. 이런 까닭에 타인의 이야기도 소중하다. 책은 가장 정제된 누군가의 목소리다. 나는 글을 쓰면서 어떤 이야기를 남기면 좋을지 고민했다. 내 생각만으로 누군가의 마음을 어지럽히고 싶지 않았던 탓이다. 그래서 사람들에게 물어봤다.

"지금 친구들에게 가장 해 주고 싶은 말이 뭐예요?"

"젊은 날의 당신에게 해 주고 싶은 말이 있다면요?"

칠순을 앞둔 어머니에게도 물었다. 그녀는 허리를 꼿꼿이 세우며 진지하게 말했다.

"얘들아, 돈이 최고야. 사랑이니 뭐니 다 필요 없어."

어머니의 말은 가슴에 무겁게 남았다. 가난에 시달렸던 모친의 삶을 떠올리자 그 진심을 나무랄 수 없었다. 세상의 모든 대답에는 이유가 있다. 정답은 아니겠지만 오답도 아니다. 수많은 생각과 고민 끝에 내가 내린 결론은 많은 것을 경험하라는 것이었다.

가장 사랑하는 자의 조언도, 현명한 자의 책도 결국은 가이드일 뿐이다. 답은 경험 속에서 찾아야 한다. 물론 가보지 못한 길은 어둡고 무섭다. 나도 그랬다. 젊어서 고생은 사서도 한다지만 나는 힘들고 싶지 않았고, 실패는 성공의 과정이라고 하지만 목적지에 편히 가고 싶었다. 하지만 누군가는 이렇게 말했다.

"저는 실패가 싫어서 일찍 해봤어요. 그래야 그 부분을 피해 다닐 수 있으니까요."

또 다른 이는 말했다.

"겁이 많아서 못했는데 해보니 뒷수습을 잘하더라고요. 더 많이 해볼 걸 아쉬워요."

결국 정답은 경험이다. 우리가 해야 할 것은 실체 없는 말이 아니라 살아가는 일이기에.

짜장면의
교훈

작은 규모의 회사에 출근한 첫 날이었다. 선임은 마치 3대째 전해오는 비밀 레시피를 주듯 오래된 수첩을 내밀었다. 건네주는 몸짓과 목소리가 어찌나 은밀한지 괜스레 긴장될 정도였다. 입사 첫날부터 회사 기밀문서라도 주는 건가 싶은 엉뚱한 생각을 하며 선임이 준 노트를 조심스럽게 열었다.

- 과 장: 중식을 좋아함, 음료는 단 것을 싫어함. 좋아하는 식당은 ㅇㅇ돼지국밥. 근처 백반집은 위생이 좋지 않다고 싫어함
- 김대리: 맵찔이임. 커피는 아이스 바닐라 라떼만 마심
- 이대리: 먹는 것에 예민하지는 않지만, 해산물은 싫어함

그곳에는 직원별 식성을 비롯한 여러 정보들이 나열되어 있었다. 11시쯤 지났을까, 과장이 나를 보며 말했다.

"점심 주문을 해볼까요? 다들 잘 먹으니 신경 쓰지 말고 편히 시키세요."

그 말을 듣는 순간 마치 배고픈 애인이 아무 식당으로 가자는 것처럼 들렸다. 이건 단순한 질문이 아니라 일종의 과제이자 나를 향한 시험이다. 나도 잘 모르는 내 마음을 헤아려 내가 먹고 싶어 하는 음식을 찾아보란 말이었다. 순간 사무실에 앉아 있는 스무 명의 직원이 스무 명의 애인처럼 보였다. 깊은 고민이 시작되었다.

점심시간은 한정되어 있었기에 오래 고민할 수도 없었다. 그래서 우선은 과장이 좋아하는 메뉴를 기준 삼는 게 좋겠다 싶었다. 아침에 건네받은 수첩을 다시 펴보니 과장은 중식을 좋아했다. 더 생각할 필요도 없이 짜장면 8인분, 짬뽕 8인분, 볶음밥 4인분과 작은 사이즈의 탕수육을 머릿수에 맞춰 주문했다. 이내 점심 시간이 되었고, 12시가 되기 5분 전에 오토바이가 도착했다. 배달된 음식을 젓가락과 함께 적절히 분배해 자리에 세팅했다. 그러나 팀장이 들어간 회의는 좀처럼 끝날 기미가 보이지 않았다. 직원들과 테이블에 앉아 10분쯤 기다리자 회의실에서 모두 나왔다.

"좋은 냄새가 나네요. 다들 먼저 먹지 그랬어요. 왜 다들 기다렸어요?"

과장의 말에 팀장은 직원들이 의리 있다며 너스레를 떨었다. 그러나 훈훈한 분위기도 잠시, 포장제를 뜯으니 면이 다 불어 있었다. 짜장면은 떡처럼 붙어 한 덩어리처럼 잘 비벼지지도 않았다. 몇 명의 직원은 나를 보며 짬뽕 국물을 섞으면 되니 괜찮다고 말했다. 옆에 앉아 있던 직원은 내게만 들리도록 면 종류는 웬만하면 안 시키는 게 좋다는 말을 귓속말로 했다.

아뿔사, 딴에는 궁리를 해도 예측할 수 없으니 삶이다. 족보가 있어도 이런 돌발 문제까지 생각할 수 없는 것이다. 나는 괜히 눈치가 보여 밥을 음미하지 못하고 섭취만 하고 수저를 놓았다. 오후가 되니 팀장이 신규 직원도 왔으니 사무실 회식을 하자고 했다. 몇 분 뒤, 문자가 왔다.

장소: OO 돼지 고깃집
시간: 저녁 7시. 불참하는 직원은 미리 알려줄 것

회사 근처에 위치한 식당 정보가 링크된 메시지였다. 직원들은 회식 시간에 맞춰 일을 마치느라 다소 분주해 보였다. 한참 동안 파일 정리를 하고 있는데, 몇몇 직원들이 일찍이 회사를 나서는 게 보였다. 굳이 식당에 일찍 갈 필요성을 느끼지 못했던 나는 약속 시간에 맞춰 나갔다. 딱 맞춰 나간 것도 아니었고, 15분 전에 도착했음에도 직원들은 모두 도착해 있었다. 영문을 몰랐던 나는 "제가 너무 맞춰서 왔나요?"라고 물었더니, 아니라며 본인들이 일부러 일찍 온 것이라고 씨익 웃었다. 그들의 살짝 올라간 미소는 왠지 인상 깊은 영화의 한 장면 같았다. 머리는 육감을 따라가지 못했다. 난 그저 고개를 갸웃거리며 앉을 자리를 살펴보았다.

인원이 많았던 탓에 3개의 테이블이 모두 세팅되어 있었다. 가운데 상은 비워져 있었으나 양옆 식탁은 직원들로 빽빽하게 채워져 있었다. 그 모양새를 보고는 뒤늦게 깨달았다. 아직 도착하지 않은 과장과 부장 옆자리가 내 자리라는 것을. 눈치 없는 죄로 벌칙에 당첨된 듯했다. 자리에 착석하자 마자 연신 술을 따르게 될 내가 그려졌다. 속이 부글거리며 배가 사르르 아파오는 것 같았다.

엉거주춤한 자세로 앉아 난감해 있는 와중에 직원들이 일제히 일어났다. 과연 부장과 과장이 들어오고 있었다. 모두가 오시느라 고생하셨다는 인사를 하며 고개를 숙였다. 저렇게 극진하게 좋아하면서 가장 먼 자리를 선점하려 한다는 사실이 아이러니했다.

두 사람은 얼굴에 생기가 돌다 못해 붉어져 있었다. 술을 좋아한다는 소문을 입증하듯, 명분 있는 회식에 신난 기색이었다. 앉자마자 소주병을 잡고 야무지게 뚜껑을 땄다. 나는 손에 익지도 않은 병을 건네 들고 한 잔씩 따랐다. 연장자에 대한 공경인지 노예 정신인지 나는 두 시간 동안 무한한 정성으로 술을 따랐다. 부모님 찬을 이렇게 떠다 드리면 효자라고 칭찬받았겠다 싶었다. 하지만 이 자리에서는 칭찬보다 눈치 보기를 먼저 배웠다. 나는 그래도 끝내 자본주의 미소를 잃지 않고 회식이라 불리는 술자리를 마쳤다.

집으로 돌아가는 길에 편의점에 들러 아이스크림을 샀다. 가게 앞 테이블에 앉자, 마시지도 않았는데 술이 오른 것처럼 몸에 열이 올랐다. 숨을 길게 들이쉬며 한동안 멍하니 있었다.

늦은 시간까지 공부를 했는지 교복을 입은 학생 무리들이 지나갔다. "수학 문제가 어렵다" "진도가 빠르다"며 자기들끼리 이야기를 나누었다. 그들을 물끄러미 바라보며 배움이라는 것은 교실 안에서만 이루어지는 것도, 해외로 떠나는 대단한 경험에서만 오는 것도 아니라는 생각이 들었다. 어쩌면 오늘처럼 평범한 일상 속에서 점심 메뉴 하나를 고민하거나 술잔을 건네며 누군가의 마음을 헤아리는 과정에서 진짜 배움은 이미 시작되는 게 아닐까.

부딪히며
배우지

나는 어머니와 사이가 좋지 않다. 이 사실은 때때로 나 자신을 혐오하게 만든다. 따뜻한 사람이라고 믿어온 내가 실은 위선자일지도 모른다는 의심. 어머니에게 퉁명스러워질 때마다 그 의심은 더 깊어진다. 모친은 종종 섭섭한 마음을 직설적으로 표현하시곤 한다.

"니 서울서 공부한단다고 내가 고생한 거 알기 아나. 우리 형편에 공부시킨다고 동네 사람들 다 손가락질했다. 내가 그래도 참았고, 진짜 할 수 있는 건 다 했다 아이가. 그 말이 하고 싶은 기다."

이런 말을 들을 때면 마음 한곳이 늘 불편했다. 항상 괜찮다고만 말씀하셨던 어머니의 말만 곧이곧대로 들었던 내가 어리석었다. 솔직히 말씀해주셨더라면 대학을 서울이 아닌 집 근처로 다니지 않았을까. 그랬다면 부모님도 고생을 조금은 덜 수도 있지 않았을까 생각하면 아득한 죄책감이 밀려온다.

  어머니를 잘 이해한다고 믿었었다. 나를 위해 노력하고 희생하신 것에 대해 감사를 표현해왔다고 생각했다. 그러나 어머니가 말씀하시는 '섭섭함'이라는 단어는 늘 내 마음을 찔렀다. 어쩌면 나는 정말로 부족한 사람일지도 모른다. 사랑한다고 말하지만 그것을 행동으로 증명하지 못하고, 이해한다고 믿었지만 사실은 그렇지 않았던 것은 아닐까.

  부모님은 오래전부터 우리 형제에게 은근한 기대를 드러내시곤 했다. 형에게는 외동은 외롭다며 둘째를 가지라고, 내게는 자식이 없으면 노년이 많이 외롭다는 걱정 섞인 말씀을 하셨다. 그때마다 왠지 모르게 기분이 상한 나는 논리적으로 반박해대기 일쑤였다. 요즘은 옛날 같지 않다던가 아이가 행복하지 않으면 무슨 의미가 있겠냐는 말로 설득하려 했다. 그러나 피차 감정만 상할 뿐, 아들이 변했다는 어머니의 말은 언제나 찜찜한 여운을 남겼다.

  하루는 어머니께서 칠순을 맞아 유럽 여행을 가신다는 말에 형과 함께 본가를 찾았다. 오랜만에 함께 시간을 보내고 싶기도 했고, 여행 준비가 걱정되기도 해서였다. 식사도 할 겸 형과 함께 어머니를 모시고 가야산의 백숙집으로 향했다. 창밖 너머로는 초록빛 논밭과 울창한 나무들이 끝없이 펼쳐졌다. 산길을 따라 흐르는 계곡은 그 자체로 풍경화 같았다.

"내가 스무 살에 결혼해서 이 먼 곳으로 왔지. 겨울에도 저런 개울가에서 빨래도 하고 그릇도 씻고 했는데. 지금 생각하면 어떻게 살았는지 모르겠다. 세월이 참 빨라."

온화한 목소리와는 달리 그 속에서는 깊은 감정이 느껴졌다. 시어머니의 눈치를 보며 살아야 했던 젊은 시절을 지나 자식들의 기분을 살피며 살아가고 있는 노년의 삶. 스스로의 마음을 돌볼 겨를도 없이 늘상 누군가에게 치이며 살아온 어머니의 삶을 떠올리니 괜시리 마음이 아렸다. 백숙집에 도착해 자리를 잡자 어머니는 우리 형제를 번갈아 보며 말씀하셨다.

"너희 요즘은 자주 만나는 것 같더라. 같이 사진도 올리고 말이야. 보기 좋아."

"바쁜 와중에도 가끔 만나죠. 근데 엄마도 이제 좀 여유롭게 사세요. 여행 다녀오시면 또 어디 가고 싶으신 데 없어요?"

어머니는 말없이 환히 웃기만 하셨다. 그 미소는 어딘가 쓸쓸한 향을 풍겼다. 자식들이 다 자라 떠난 빈집에서 어머니는 어떤 마음으로 살아가고 계신 걸까. 머릿속이 복잡해졌다. 동시에 어머니의 삶을 떠올리며 느끼는 미안함과 섭섭함이 섞여 묘한 감정이 들었다.

얼마 지나지 않아 지인들과의 회식 자리가 있었다. 바닷가가 훤히 보이는 치킨집에서 모인 우리는 각자의 이야기를 털어놓았다. 젊은 직원은 상사의 꼰대스러움을, 고연차의 직원은 MZ 세대의 태도를 지적했다. 순간 며칠 전 어머니와 나눴던 대화가 머릿속을 스쳤다. 자신의 감정과 생각만을 우선시하는 모습이 흡사 우리 모자 같았다. 이런저런 사색에 갇혀 어쩌지도 못하고 있을 때, 치킨이 김을 뿜으며 나왔다. 그런데 유독 후배 한 명이 초점이 없었다. 나는 장난스럽게 말했다.

"왜 그렇게 생각이 많아요? 치킨이 다 식잖아요."

그녀는 씁쓸하게 웃었다.

"사람들 이야기를 듣고 있으니 회사 같아서요."

"왜요? 답답한 후임이나 괴롭히는 상사가 있어요?"

그녀는 치킨을 맛만 본 뒤 한숨을 쉬며 말을 이었다.

"저는 중간에 낀 세대 같아요. 후배들의 생각이 이해되지도 않는데 윗분들은 계속 후배들을 챙기라고 하거든요. 그런 후배는 저를 꼰대라고 하고, 상사는 제가 후배들을 제대로 못 이끈다고 하세요."

그 말에 호기심이 생긴 나는 조심스럽게 물었다.

"후배들의 어떤 모습이 가장 답답했어요?"

그녀는 고개를 갸우뚱하며 대답했다.

"자기중심적이라는 느낌을 받을 때요. 회식을 할 때도 자기 몫은 분명히 해내면서 추가로 해야 할 일이나 책임이 생길 것 같으면 그건 싫다고 선을 그어요. 그런데 본인이 난처해지는 상황이 생기면 적극적으로 도와달라고 하죠. 너무 자기중심적인 게 아닌가 싶어요."

잠시 말을 멈춘 그녀는 재차 대화를 이어나갔다.

"그런데 상사도 마찬가지에요. 말은 나한테 조언이라고 하는데 은근히 본인들 생각이 모두 옳다며 강요하는 느낌이 들어요. 그러면서도 우리에게 중간에서 역할을 잘하라고만 하죠. 결국 부담은 다 중간 세대 몫인 것 같아요."

나는 고개를 끄덕이며 말했다.

"그런 말 들으면 진짜 속상하죠. 위에서는 떠넘기고, 아래에서는 선 긋고…"

"그래요. 진짜 딱딱한 벽돌 사이에 끼인 것 같아요. 아무도 제 편이 없다는 생각이 들 때가 많아요."

어쩌면 그녀의 고민은 나의 갈등 그리고 어머니의 서운함과 일맥상통할지도 모른다. 끝없이 움직이며 서로를 부딪히고 다듬어 가야 하는 것, 그것이 관계의 본질일 테니까. 사람은 누구나 자신만의 이유와 사정이 있다. 어머니의 서운함도, 후배의 답답함도, 나의 갈등도 각자의 자리에서 비롯된 것이다.

우리는 서로 다른 자리에 서 있기 때문에 부딪히고 갈등하지만 그 속에서도 상대를 이해해보려 노력해야 한다. 갈등은 언제나 존재하지만 그것을 넘어서는 이해가 관계를 더욱 두텁게해

준다. 그렇게 살다 보면 어머니가 계곡을 바라보며 했던 말처럼, 우리의 일들도 결국 세월에 녹아들어 하나의 이야기가 될 수 있지 않을까.

삶에 이유는
필요 없어

– 부고, ○○○ **본인상**

출근길에 마주치면 이게 퇴근길이면 좋겠다는 직장인들의 농담 정도는 나눌 수 있는 동기가 있었다. 그는 두 달 전 대구로 전입했다. 건강히 지내는지 적응은 잘하고 있는지 연락을 한번 해볼 참에 온 메시지였다.

처음엔 그의 부친상인가 했다. 충분히 그럴 수 있는 나이라 다소 안타까운 마음으로 문자함을 열었는데 아니나 다를까, 망자는 너무나도 친숙한 나의 동기였다. 인식과 동시에 온몸이 떨렸다. 사무실에서 오가는 이야기를 들어 보니 극단적인 선택으로 인한 죽음 같았다. 도무지 믿기가 어려웠다. 어느덧 직장동료들은 한데모여 그의 이야기를 나누고 있었다. 수십 분간 사인을 묻는 대화가 오갔지만 정확히 아는 이는 누구도 없었다.

어릴 때만 해도 스스로 목숨을 끊는 이들을 이해할 수 없었다. 삶을 포기한다는 것은 내심 의지가 약한 사람들이 하는 선택이라 여겼다. 시간이 흘러 나 역시 삶의 무게가 너무나도 힘든 순간을 몇 차례고 직면하게 되었다. 집이 망하고, 건강이 나빠지고, 직장 따돌림을 당하고, 믿었던 사람에게는 깊은 상처를 받았다. 신기하게도 이런 시련은 한번에 몰려왔다. 다른 세상에 숨어 있던 고통이 갑자기 모습을 드러낸 듯했다. 그 어둠들이 다가오는 발소리는 꿈속에서조차 나를 괴롭혔고, 그제야 삶과 죽음의 경계에 서곤 했던 이들의 심연을 조금이나마 이해하게 되었다.

정말 깊은 슬픔은 나눌 수 없다. 가족에게 털어놓는 것은 그들에게 더 큰 짐을 얹는 일처럼 느껴졌다. 믿을 만한 친구도 없었지만 있었다 해도 부끄러움에 차마 꺼내지 못했을 것이다. 나는 나를 믿었다. 스스로 의지가 강하다고 믿었기에 명상도 해보고, 책도 읽어보고, 혼자 산과 바다를 찾았다. 주말에는 한적한 수풀에 누워 하늘만 바라보며 멍하니 시간을 보내기도 했다. 그러나 이는 벼랑 끝으로 떨어지는 자동차를 두 손으로 붙잡으려는 것과 같았다. 내 의지는 근심에 깎여 나갔고, 나의 세상은 어두워지고 있었다. 그제야 깨달았다. 자살은 극단적 선택이 아니라는 것을. 삶의 모든 선택지가 닫힌 채 남은 유일한 문이었을

지도 모른다는 것을. 나는 '극단적 선택'이라는 단어가 마음에 들지 않는다. 누구도 자신의 죽음을 원하지 않는다. 설령 죽고 싶다고 말한다 해도, 그 속엔 살고 싶다는 의지가 있다.

오래 전, 우울감에 빠져 지내던 시절이 있다. 하루는 상사가 나를 불렀다. 그는 평소 내게 특별한 관심을 보인 적이 없는 이였다. 근무하는 층도 다를 뿐더러 업무 외적으로는 접점도 없었다. 갑작스런 부름에 당황했지만 그의 방으로 들어가니, 창가 옆 테이블에서 커피를 내리며 나를 반겨주었다. 테이블 위에는 꽃잎이 그려진 하얀 찻잔이 놓여 있었고, 나에게 갓 내린 커피 한 잔을 건네주었다.

"많이 힘들지?"

예상치 못한 물음에 순간적으로 몸이 얼었다. 꽁꽁 숨겨둔 감정을 들킨 듯 민망했으나 내게 안부를 묻는 그의 목소리에는 따뜻함이 있었다.

"나도 딱 자네 나이쯤 힘든 시간을 보냈지. 그때 난 굵은 줄을 사서 천장에 걸어 놨네. 그런데 목을 매려던 순간 가족들이 떠오르더라고. 빚더미 위에서도 아버지가 살아 계셨던 게 내게 얼마나 큰 힘이었는지 깨달았네. 그래서 줄을 내려놓고 다시 일어났지. 자네도 지금 그런 상황이라면, 자신을 탓하지 말고 주위를 보게. 누군가는 자네가 세상에 존재해주는 것만으로도 소중

할 거야."

 이야기는 단순했지만 내 마음을 움직이기에는 충분했다. 그는 이야기를 마치고 나를 보며 한번 잘 버텨보라며 웃어주었다. 새로운 빛이자 탈출구였다.

 동기들과 함께 장례식에 다녀왔다. 영정사진 속에 밝게 웃고 있는 그와 그 앞에 선 가족들의 애끓는 울음은 며칠이 지나도록 잊히지 않았다. 다른 동료들도 마찬가지였다. 그런 우리가 측은했는지 팀장은 이런 말을 했다.
 "난 아직 죽음을 생각해본 적이 없어. 왜냐고? 내 컴퓨터에는 비밀 동영상들이 가득하거든. 혹시라도 내가 죽고 나면 우리 애들이 그걸 볼 거 아냐. 그 생각을 하면 생존 욕구가 마구 치솟더라고."
 팀장의 이야기를 들은 동료들은 전보다는 한결 가벼운 표정을 지었다.
 퇴근 후에 만난 친구에게 팀장 이야기를 했다. 평소에도 점잖은 성품을 가진 친구였기에 팀장의 그러한 발언을 이해하지 못할 거라 생각했다. 그런데 의외로 공감을 표했다.
 "청소를 안 하고 외출했는데, 갑자기 누가 집에 들어오면 좀 창피하잖아. 그래서 나도 아무리 힘든 일이 있어도 일단 집으로는 들어가야겠다고 생각해."

한동안 이 말을 천천히 곱씹어 보았다. 얼핏 농담처럼 포장된 듯한 지인들의 말은 단순한 농담이 아니었으리라. 삶의 이유는 거창하지 않아도 된다. 때로는 부끄러워 숨기고 싶었던 기억이나 사소한 습관조차도 우리를 이곳에 붙들어 놓는 작은 닻이 될 수 있다. 우리가 지닌 사소한 것들, 누구도 대신 느낄 수 없는 나만의 감정, 나만의 순간들. 그것들이 바로 우리가 살아가는 이유다. 누군가는 우리가 남긴 흔적을 따라 웃고, 또 누군가는 그것을 보고 힘을 얻을지 모른다. 그러니 당신은 여기에 존재하는 이유를 굳이 설명하지 않아도 괜찮다. 단지 살아 있는 것만으로도 충분히 아름다운 이유가 되는 거니까. 지금 숨을 내쉬며 이 글을 읽고 있다면 그 자체로 당신은 이미 잘하고 있는 것이다. 버텨줘서 고맙다.

4장

완벽한

행복

화 내려놓는 법

 오랜만에 만난 친구의 얼굴에는 분노가 서려 있었다. 들어본즉, 건물 주차장을 빠져나가려는데 앞 차가 출차 정산기 앞에 멈춰서는 몇 분간 움직이지 않더라는 것이다. 차량은 밀려드는데 운전자는 내리지도, 카드를 꺼내지도 않은 채 그대로 있었다고 했다. 인내심이 한계에 다다랐던 친구는 차에서 내려 상황을 확인하기에 이르렀다. 많은 이들을 답답하게 만든 운전자는 주차 정산을 처음 해보는 초보 운전자로, 당황한 나머지 어찌할 바를 몰라 우왕좌왕하고 있었다고 했다.

 친구의 답답했을 마음이 이해되면서도 한편으로는 다른 생각이 들었다. 누군가 길을 막고 있으면 본능적으로 짜증이 인다. 하지만 그 상황을 바라보는 시선은 얼마든지 달라질 수 있다. 나였으면 '무슨 일이 생겼나?', '지갑을 놓고 온 걸까?', '갑자기 몸이 안 좋아졌나?' 같은 걱정 섞인 생각부터 들었을 것이다. 똑 같은 자극에도 떠올리는 상상이 다르면 반응도 달라진다.

우리의 감정은 종종 반복된 습관으로 길들여진다. 어떤 일이 벌어졌을 때 좋은 방향부터 떠올리는 사람은 그런 시선을 오랜 시간 훈련한 사람이다. 반대로 부정적인 상상이 먼저 떠오르는 사람은 그 감정의 회로를 이미 수차례 따라 걸어본 경험이 있을 것이다. 우리는 파블로프의 개처럼 삶의 조건반사를 통해 익숙한 방식으로 반응한다.

세상은 분명 불의와 부조리로 가득하다. 때로는 화를 내야 할 상황도 있고 그 분노가 변화의 동력이 되기도 한다. 하지만 모든 상황에 분노로 대응한다면 정작 필요한 순간에 감정을 지켜낼 힘을 잃게 된다. 그래서 나는 가능한 한 욕망이 만든 감정으로부터는 거리를 두려 한다.

오래 전, 형과 한 시간을 넘게 라면과 국수의 차이를 두고 말다툼을 한 적이 있다. 형은 둘 다 밀가루로 만든 면이니 같다고 주장했고, 나는 사람들의 보편적 인식을 기준으로 다르다고 맞섰다. 돌이켜 보면 그건 화를 낼 일이 아니었다. 사소한 차이에 예민했을 뿐이었다. 그리고 그 싸움의 본질은 내 주장을 관철시키고 싶은 욕망이기도 했다.

화는 욕망의 다른 얼굴이다. 편의점에서 아르바이트를 했던 시절에도 종종 느낄 수 있었다. 규정대로 봉투값 백 원을 안내해주었을 뿐인데 얼굴을 붉히며 화를 내거나, 심지어는 잔돈을 던지고 가는 손님들도 있었다. 아이를 두고 사라지는 부모, 욕설을 뱉는 손님도 거짓말처럼 늘 존재했다. 그들이 무심코 던진 감정은 빠르게 전이되었고 그 파편은 내 머릿속에 오래 남았다.

지인의 빵집에서는 블루치즈빵을 두고 손님이 환불을 요구한 일이 있었다. 하얀 곰팡이 같다는 이유였다. 치즈의 특성에 대해 설명해주어도 들으려 하지 않았고 급기야는 협박까지 이어졌다. 다른 한 친구는 해운대에서 음식점을 하는데 가장 바쁜 시간에 손님에게 불려나갔다. 그 손님은 "요리 잘하더군요"라며 칭찬을 남겼다. 친구는 칭찬이 불쾌할 수도 있다는 걸 그때 처음 알았다고 했다.

이런 일들을 직간접적으로 경험하며 적어도 내 감정 만큼은 판단할 기준이 필요하다는 걸 깨달았다. 만약 지금 이 상황의 당사자가 내가 가장 아끼는 사람, 이를테면 우리 어머니였다면 어땠을까. 그녀가 같은 실수를 했다면 나는 화를 냈을까. 아닐 것이다. 카페에서 큰 목소리로 떠든다면 "조금만 조용히요"라고 말하면 충분할 것이고, 음식점에서 무례한 태도를 보인다면 어머니를 설득하거나 내가 대신 사과를 했을 것이다.

대부분의 분노는 단시간 내에 소멸된다. 우리는 종종 누군가의 실수를 의도적인 상처로 받아들이곤 하지만 많은 경우, 그것은 단순한 실수였을 뿐이다. 받아들이는 찰나에 순간적으로 예민해졌을 뿐이다. 모든 상황이 화를 낼 일이 될 필요는 없다.

  가끔 스스로에게 묻는다. 지금 이 감정이 정말 필요한지, 이 화가 내게 어울리는지. 그 질문 앞에서 조금 더 조심스러운 사람이 되고 싶다. 분노가 아닌 이해로, 판단이 아닌 질문으로 사람을 대하고 싶다. 그것이 나를 평화롭게 이끄는 길이고 따뜻하게 만드는 방식이기 때문이다.

꺾이지 않는 마음 1
- 다시 일어서는 연습

"이게 사람이야 소금에 절인 배추야?"

소파에 널브러져 있는 친구를 보자마자 나온 첫마디였다. 몇 년 전만 해도 결혼이 너무 하고 싶다며 설쳐대더니 요즘은 이 모양이다. 근처에 볼일이 있어 잠시 친구 집에 들렀는데 모습이 가관이었다. 누런 추리닝 바람에 거실 탁자 위엔 반쯤 마신 맥주 캔과 게임 컨트롤러가 굴러다녔다. 삶의 의욕이 증발한 표정을 한 녀석이 친구가 아니라 아들이었다면 등짝이라도 한 대 때려줬을 것이다. 안타까운 마음에 잔소리를 시작하자 친구는 소파에 누운 채 미꾸라지처럼 버둥댔다.

"네가 뭘 알아! 내가 왜 이러는지는 알아?"

"내 마음도 모르는데 네 마음까지 알아야겠냐."

한숨을 내쉬며 답하자 그는 더 큰 소리로 반박했다. 친구의 소란을 잠시 지켜보다가 한마디 던졌다.

"말이라도 해 봐. 계속 누워서 아무 것도 안 하고 살 거야?"

친구는 어떠한 대꾸도 하지 않은 채 TV 화면으로 시선을 돌렸다. 한때는 사람을 만난다고 정신없이 바쁘게 살더니, 이젠 집에서 꼼짝도 않는 게 어디서 정신적 충격이라도 받아온 건 아닌지 걱정되었다. 내가 다그치자 그런 문제는 아니라고 대꾸했다. 그러면 도대체 뭐가 문제냐고 윽박지르듯 묻자 우물쭈물거리다 작게 입을 열었다.
"나, 사실 좀 무섭다."
"무섭다고? 누가 양다리라도 걸쳐서 배신했어?"
"그런 게 아니라… 여자의 눈빛이 무서워. 이제는 그냥 이대로 살고 싶어."

친구의 대답에 이어진 한탄을 듣는 동안 묘한 섬뜩함을 느꼈다. 나 역시 비슷한 감정을 겪은 적이 있었기 때문이다. 나이가 어느 정도 든 상태에서 진지한 만남을 시작하려는 이라면 한 번쯤은 겪는 과정인가 싶었다. 조금 더 구체적으로는 서른 중후반에 결혼을 전제로 만남을 시작하는 이들. 그들에겐 연애가 더이상 낭만적인 감정만이 아닌 냉혹한 현실의 문턱이다. 결혼은 현실이라는 말이 괜히 나온 것이 아니다. 나이가 들수록 만남은 어려워지고, 자연스러운 인연 대신 중매나 소개가 익숙해진다.

나 역시 아버지의 소개로 지인의 딸을 만난 일이 있었다. 첫 만남부터 썩 유쾌하지는 않았다. 문을 열고 들어서는 순간부터 상대방의 눈빛이 나를 훑는 것이 느껴졌다. 물건을 평가하는 감정사처럼 날카롭고 차가운 눈빛이었다. 내 존재 자체가 아닌 내가 가진 배경과 능력을 가늠하고 있는 게 느껴졌다. 단도직입적으로 말하자면 돈이었다. 이해했다. 평생을 함께할 사람을 고르려면 안정적인 삶에 대한 판단은 필수일 것이다. 그러나 사랑만큼은 진심으로 하고 싶은 친구와 나 같은 사람들에게 그런 자리는 지독히 버겁다. 그 자리에 앉아 있으면 내가 사람이 아니라 저울 위에 올려진 물건이 된 기분이다.

과거에는 소개팅이 잘 안 되면 그냥 스타일이 안 맞았겠거니 하고 말았다. 그런데 나이가 이쯤되니 소개팅에서 퇴짜를 맞으면 단순히 '안 맞는구나'에서 끝나지 않는다. 자존감이 바닥으로 떨어지며 자괴감이 깊게 파고든다. 나를 바라보는 상대의 냉랭한 눈빛이 무섭다. 더 무서운 건 그녀가 나에게 부여한 가격표가 헐값처럼 느껴질 때다. 친구도 비슷한 두려움을 겪었거나 겪고 있는 중인 듯했다.

친구는 답답한 얼굴로 그럼 자기는 이제 어떻게 해야 하냐고 물었다. 나도 모르는 정답을 가르쳐 줄 수는 없었다. 그러나 명확한 오답은 있다고 생각했기에 최근 만난 지인의 이야기를 들려주기로 했다.

그녀는 예쁘고, 능력 있고, 매력적인 사람이었다. 하지만 심각한 집순이로 연애를 꿈꾸면서도 지금까지 한 번도 연애를 해 본 적이 없었다. 답답한 마음에 찾아간 점집의 점쟁이는 이렇게 말했다고 한다.

"네가 연예인보다 예쁘냐? 연예인도 집에만 있으면 남자가 하늘에서 떨어지진 않는다."

이 말을 들은 친구는 그래도 자신이 없다며 다시 소파에 누워 버렸다. 친구는 돈도 잘 벌고, 직업도 좋다. 겉으로만 보면 누군가는 그를 부러워하고 닮고 싶어 할지도 모른다. '감정의 끝'은 소개팅 실패가 아니다. 집으로 돌아와서 혹은 시간이 더 지나서 사랑 대신 스마트폰만을 들여다 보고 더이상 어떠한 시도조차 하지 않을 때부터 시작된다. 침대에 누워 편안함 속에 조용히, 오래도록 파묻혀 있는 시간이 습관이 되고 삶의 한 부분으로 녹아들 때 그토록 원하던 무언가로부터 멀어지게 된다.

완벽한
행복

서른은 서글프고 마흔은 서럽다. 서른의 중턱을 넘기자 어느새 마흔이라는 고도의 숨이 턱 밑까지 차올랐다. 나는 더 빠르게, 더 멀리 달리고 싶었다. 하지만 어느 순간부터 삶의 파도가 내 발목을 휘감고 있었다. 갈망하는 삶은 여전히 멀기만 했고, 20대에 끝냈어야 할 고민들은 나를 비웃듯 다시 눈앞에 나타났다. 내가 삶을 이끌고 있다고 믿었지만 사실은 그 흐름에 끌려가고 있었다. 예기치 못한 사건들이 길을 막고 나는 매번 주어진 선택지에 순응해야만 했다. 머릿속은 복잡했고 감정은 흩어진 먼지처럼 떠다녔다. 스스로에 대한 걱정과 연민으로 시작된 침묵은 곧 부모님의 건강에 대한 두려움으로 번졌다.

이런 고뇌는 단순한 망상이 아니었다. 아버지의 끊이지 않는 기침과 약해진 체력은 현실을 다시 한번 상기시켜주었다. 나를 지탱해줄 무언가가 필요했다. 그러나 나에겐 종교도 없었고, 믿음도 없었다. 감사할 일을 떠올려보려 했지만 마음은 허전했다. 그러던 하루는 지인이 감사일기를 쓰기 시작했다는 이야기를 들었다.

"제가 다니는 교회에 암 말기 할머니가 계셨는데, 병원에서는 1년밖에 남지 않았다고 했거든요. 그런데 감사일기를 쓰시면서 10년을 더 사셨어요."

그 할머니처럼 오래 살고 싶어서 시작한 거냐고 농담조로 물어보자 그녀는 고개를 저으며 말했다.

"오래 살면 좋기야 하겠지만, 그것보단 할머니의 일기에서 감동을 받았어요. 돌아가시고 나서 교회에 그 일기를 기증하셨는데, 그걸 읽다가 저도 써야겠다고 생각했어요."

"무슨 내용이었는데?"

"별거 없었어요. 오늘은 혼자 소변을 눌 수 있어서 감사하다거나, 목소리가 나와서 사랑한다고 말할 수 있어 기뻤다는 것들이요."

그 말이 마음에 와 닿았다. 어떤 순간에도 감사할 작은 일은 있었다. 나도 책상 앞에 앉아 노트를 펴고 첫 줄을 적었다.

두 발로 어디든 갈 수 있다는 사실에 감사한다.

진심으로 적었고 마음이 조금 가벼워졌다. 돌아보면 수많은 실패가 있었지만 그 순간들이 전부 헛되지만은 않았다. 고난의 시간을 통해 나를 더 깊이 이해하게 되었고, 내가 진짜 원하는 것이 무엇인지도 조금은 알게 되었다. 내가 바란 건 거창한 성공이 아니었다. 삶에 작은 틈이 있기를 바랐다. 다람쥐가 도토리를 모으듯 소소한 여유를 담을 수 있는 공간, 따뜻한 바람, 글을 쓸 시간, 커피 한 잔. 그것이 주어지는 일상이면 충분했다.

그제야 일에 대한 그림이 그려지기 시작했다. 어떤 회사를 다니는지가 아니라 어떤 일을 하며 살고 싶은가에 대한 질문. 단조롭더라도 마르지 않는 옹달샘 같은 일이면 좋겠다고 생각했다. 가장 먼저 떠오른 건 공무원이었다. 화려하진 않아도 워라밸이 보장되니 개인 시간도 많이 가질 수 있을 것 같았다. 9급 공무원 시험을 보기로 결심했다. 얇고 길게 살아가는 것도 나쁘지 않았다. 결심을 아버지께 말씀드렸고 예상처럼 화를 내셨다.

"그럴 거면 왜 힘들게 공부시켰겠니."

실망이 컸을 것이다. 아버지는 영리하다고 믿었던 아들의 선택을 쉽게 이해하지 못했다. 그러나 나는 꾸준히 공부를 이어갔고, 다행히 성적도 괜찮았다. 시간이 조금 더 흘러 합격 소식을 전했을 때 아버지는 합격증을 찢어버리겠다고 하셨다.

그날 밤, 부친은 술에 취해 돌아오셨고 다음 날 한껏 붉어진 얼굴로 말씀하셨다.

"섭섭했지? 공무원이 나쁘다고 생각해서 그런 게 아니야. 나도 일을 늦게 시작해서 서러운 적이 많았어. 너는 그런 아픔을 겪지 않길 바란 거야. 그래도 요즘은 많이 달라졌다고 하더라. 밥벌이만 해도 대단한 거야. 아빠는 이제 걱정 없다."

  가족이라고 해서 모든 사연을 다 나눌 수는 없다. 어떤 말은 마지막이 되어서야 겨우 꺼낼 수 있고, 어떤 마음은 시간이 지나야 비로소 보인다.
  요즘도 친구들은 공무원이라는 직업에 만족하냐고 묻는다. 그러면 나는 완전히 사랑한다고 하면 거짓말이겠지만 나쁘지 않다고, 섭섭한 날도 있지만 다들 그런 거 아니겠냐고 너스레를 떤다. 내 감정은 드넓은 대양이 아니라 얕은 해안가에 있다. 충만할 때도 있고 서운할 때도 있다. 감정이 메말라도 일이 싫어지지만 않는다면 괜찮다고 믿는다. 간혹 집에 내려가면 어머니는 요리를 하며 묻는다.
  "가장 맛있는 음식은 엄마가 해주는 밥이지?"
  맞다. 일도 마찬가지다. 내게 딱 맞는 일이 가장 중요하다. 내가 줄 수 있는 건 정답이 아니라 질문뿐이다. 내가 바라는 삶은 무엇인지, 내게 맞는 하루는 어떤 모습인지, 그 일이 나를 채울 수 있는지, 그렇다면 나는 무엇을 망설이고 있는지. 너무 빠르게 달리면 눈 앞의 정답도 놓칠 수 있다. 가끔은 멈춰야 비로소 보이는 것들이 있다. 오늘도 나는 최대한 늦게 출근하고 가장 빠르게 퇴근했다. 출근길은 여전히 유치원에 가기 싫어 떼쓰던 어린 시절처럼 무겁고, 일하는 시간도 마냥 즐겁지만은 않다. 그럼에도 불구하고 퇴근 즈음엔 이만하면 오늘 하루도 잘 보냈다는 생각을 한다.

가볍게 저녁을 먹고 좋아하는 카페로 향했다. 소파에 앉아 창밖의 해운대를 바라본다. 지나간 시간은 더이상 나를 붙잡지 않는다. 지금 내 앞에 있는 작은 것들이 조용히 빛나고 있을 뿐이다. 달빛에 반사된 바다, 잔잔히 밀려오는 파도, 솔향을 가득 머금은 바람, 손 안의 익숙한 노트, 따뜻한 아메리카노 한 잔. 그래, 이 정도면 충분하다.

꺾이지 않는 마음 2
- 한발 더 내딛는 힘

    형의 외동딸이자 세상에 하나뿐인 조카는 올해 초등학교 4학년이 되었다. 어른이 되니 세월의 흐름을 아이들의 성장으로 느끼곤 한다. 포항의 작은 병원에서 발가락을 꼼지락이며 울던 아이가 어느덧 분홍색 가방을 메고 학교에 다닌다. 그 모습만으로도 가슴이 찡했는데 마침 학원에서 돌아온 조카를 보는 순간, 눈을 반짝이며 내게 말을 걸던 3년 전 그날이 떠올랐다.
    "삼촌, 나 반장이 되고 싶어."
    우리 집안은 대체로 내성적인 분위기인데, 조카는 어릴 때부터 춤을 추고 노래 부르길 좋아했다. 작은 몸에서 진심이 느껴질 정도로 반장이 되고 싶다는 열망이 뜨겁게 뿜어져 나왔다. 나는 그런 조카가 기특해서 아이디어를 하나 냈다.
    "유진아, 반장 선거에서 깜짝 이벤트를 해보는 거 어때? 선거날 갑자기 일어나서 교탁까지 아이돌 춤을 추면서 걸어가. 그러면 애들이 다 쳐다볼 거 아니야. 그때 아무 말도 하지 말고 칠판 앞에 가서 당당하게 우리 반을 더 즐겁게 만들겠다고 외쳐봐."

내 아이디어에 조카는 깔깔 웃으며 그게 뭐냐고 말했다. 그러나 웃는 와중에도 살짝 고민하는 듯한 눈빛이 보였다. 그날 밤, 문틈으로 조용히 들려오는 음악 소리를 들으며 알 수 있었다. 유진이는 내 아이디어를 진지하게 받아들여 혼자 열심히 연습하고 있었다.

다음 날 퇴근길 지하철에서 형에게 전화를 걸었다. 조카의 반장 선거 결과가 궁금해서였다. 형은 떨어졌다고 말했다. 어쩌면 조카에겐 생애 첫 도전이자, 첫 실패였을 것이다. 가정적인 형은 유진이가 원하는 것을 대부분 들어주는 편이라, 그런 일이 조카에겐 낯설게 느껴졌을지도 모른다. 걱정스러운 마음에 유진이를 바꿔달라고 했다.

유진이의 목소리는 예상과 달리 괜찮았다. 평소와 같은 활기는 없었지만, 소녀는 자신은 열심히 했으니 괜찮다고 했다. 그 말이 내도록 마음에 남았다. 노력했기에 스스로를 위로할 줄 아는 아이의 어른스러운 태도가 놀라웠다.

몇 년이 흘렀다. 얼마 전, 형수가 가족 단톡방에 유진이가 반장이 되었다는 메세지를 올렸다. 반가운 마음에 곧바로 형에게 전화를 걸어 자초지정을 물었더니 유진이는 1학년 첫 반장 선거

때 떨어진 후로 한 번도 빠지지 않고 매번 출마했다고 했다. 조카에게 깊은 감탄을 느끼지 않을 수 없었다. 그 어린 아이가 묵묵하게 도전하고 있었다는 사실을 미처 몰랐기 때문이다. 처음 실패를 맛본 뒤에도 도전하기를 주저하지 않은 그 모습이 너무나 대견했다. 그날 밤, 조카가 좋아하는 치킨 세트를 사들고 집에 갔다. 유진이와 마주 앉아 축하를 전하며 말했다.

"유진아, 삼촌은 네가 반장이 돼서 정말 기뻐. 하지만 더 대단한 건 계속 도전해왔다는 거야. 오늘 이 자리에 오기까지 포기하지 않고 노력했다는 사실이 삼촌에겐 더 큰 의미로 느껴져. 반장이 된 것도 멋지지만 실패했던 날의 유진이에게 더욱 고맙다고 꼭 말하고 싶어."

소녀는 쑥스러운 듯 고개를 끄덕였다. 나는 조카의 눈빛에서 어린 나이에 이해하기 힘든 깊은 무언가를 읽을 수 있었다. 이미 자신만의 방식으로 실패를 딛고 한 발 더 나아가는 법을 배우고 있었던 것이다.

소개팅에 실패하고 집에 누워 있던 친구가 떠올랐다. 나이가 든다고 저절로 성숙해지는 것은 아니다. 이제는 어린 조카에게서 삶의 교훈을 배우고 있는 것 같았다.

우리는 늘 쉽고 빠르게 갈 수 있는 묘책을 원한다. 그러나 마음 한편으로는 그런 비법은 없다는 걸 알고 있다. 우리에게 필요한 건 남들이 모르는 특별한 방법이 아니라, 모두가 알고 있는 당연한 일을 묵묵히 실천하는 것이다. 실패 앞에 주저앉지 않고, 다시 일어나 한 발을 더 내딛는 일. 소망을 이루는 가장 확실한 방법은 언제나 그렇듯 단순하다.

꺾이지 않는 마음 3
- 행운은 포기하지 않는 사람에게

조카의 반장선거로 가족이 한껏 훈훈해졌던 시간이 지나고, 겨울이 찾아왔다. 여름 내내 바빴던 탓에 휴가를 가지 못했던 현이 일본 여행을 제안했다. 바깥을 돌아다니는 것을 그리 즐기지 않는 나였지만 현이 꼼꼼하게 계획을 세우고 나선 데다 부담 없는 일정이라 거절하기도 애매했다. 그렇게 생애 두 번째 일본 여행이 시작되었다.

우리는 명란 바게트를 먹고, 소문만 듣던 이치란 라멘 본점도 방문했다. 한국의 추위가 대단하다 싶었는데 일본도 만만치 않았다. 긴 웨이팅 끝에 식당에서 나온 뒤에는 얼어붙은 몸을 녹이느라 애를 먹었다. 감기 기운이 느껴졌지만 비행기 표값이 아까운 마음에 기운을 내어 열심히 도시를 누볐다. 빠듯한 일정을 보내고 나니 어느새 귀국할 시간이 다가왔다.

공항으로 가는 길을 고민했다. 선택지는 가성비 좋은 대중교

통과 비용 부담이 있지만 시간을 절약할 수 있는 택시 중 하나를 택해야 했다. 내일이면 둘 다 출근을 해야 했고, 코가 시큰거리는 감기 증상까지 느껴져서 택시를 선택했다. 호텔 프런트에 부탁하자 시간에 맞춰 택시를 불러주었다. 우리가 내려올 때쯤, 호텔 옆에는 검은색 자동차 한 대가 대기하고 있었다.

평소 사진을 잘 찍지 않는 나였지만, 일본에서 택시를 탈 일이 앞으로 없을 것 같다는 생각이 들어 휴대폰으로 재빨리 사진을 찍고는 차에 올랐다. 짐을 나누어 들고 차에 탔다. 나는 묵직한 캐리어를, 현은 잔 짐과 남은 엔화와 여권 같은 소지품을 챙겼다. 차가 움직이기 시작하면서 우리는 겨우 숨을 돌릴 수 있었다. 창문 밖으로 스쳐 지나가는 후쿠오카의 밤 풍경은 왠지 모르게 아득하고도 익숙했다. 여행의 마지막을 장식하는 이 순간이 한동안 기억에 남을 것 같았다.

택시가 막히지 않아 30분 정도 여유가 있었던 우리는 캐리어 무게를 재어보며 짐 정리를 했다. 그런데 갑자기 현이 "와악!" 하고 비명을 질렀다. 뒤돌아보니 얼굴이 새하얗게 질려 있었다. 사람의 얼굴이 저렇게까지 변할 수 있구나 싶을 정도였다. 더 놀라버린 내가 무슨 일이냐고 물었다.

현은 떨리는 목소리로 말했다.

"지갑을 택시에 두고 온 것 같아."

순간 아찔했다. 설마 여권도 두고 온 것이냐고 묻자 현은 울먹이며 고개를 끄덕였다. 머리가 하얘졌다. 탑승까지 1시간도 남지 않았는데, 여권을 잃어버렸다니. 내일 출근도 해야 하는데! 그 순간 조카의 말이 스쳐지나갔다. 그래, 이런 때야말로 중요한 건 꺾이지 않는 마음 아니겠는가.

현은 이미 포기한 듯 공항의 플라스틱 의자에 주저앉아 미안하다고만 했다. 하지만 나는 좌절하지 않기로 했다. 지금 할 수 있는 모든 걸 다 해보자. 현을 탓해봤자 뭐가 달라질까. 일단 행동하자는 생각뿐이었다.

우선 데스크로 달려갔다. 제복을 입은 직원에게 도움을 요청하자 그는 여권을 분실하면 영사관을 방문해 사진을 찍고 여러 절차를 밟아야 하며, 며칠이 걸릴 수도 있다고 설명했다. 현과 나는 그 말을 듣고 더 막막해졌다. 몇 시간도 아닌 며칠이라니, 도저히 기다릴 수 없었다.

택시를 찾아야 한다는 생각 하나만으로 공중전화가 있는 쪽으로 갔다. 그런데 동전이 없었다. 주머니를 뒤졌지만 허탕이었다. 편의점으로 뛰어가 지폐를 동전으로 바꾸려고 했다. 내가 급히 "동전! 동전!"이라고 외치자 카운터 직원이 갸웃했다. 그때 뒤에서 짐을 정리하던 아주머니가 다가와 물었다.

"저 한국인이에요. 무슨 일 있어요?"

그가 한국어로 물어오던 순간이 그렇게 반가울 수 없었다. 나는 재빨리 상황을 설명했다. 그녀는 호텔명을 물어보더니 직접 전화를 걸어주었다. 그러나 전화를 끊고 나서 그녀는 미안한 얼굴로 말했다.

"호텔에서 택시를 불렀지만, 어떤 택시인지 확인할 방법이 없대요."

현은 의기소침한 표정으로 여권 분실 신고를 알아보자며 자리에 주저앉았다. 그 순간, 출발 전 찍어둔 택시 사진이 떠올랐다. 다급히 사진을 열어보니 택시의 번호판이 선명하게 찍혀 있었다. 나는 그 사진을 아주머니에게 보여주었다.

"이 택시네요! 이 회사 기사님들께 연락해달라고 말해보세요. 내부망 이런 게 있을 수도 있어요."

공항 택시 승강장으로 뛰어갔다. 공항이 넓어서 방향 감각도 둔해졌지만 표지판만 보고 무작정 달렸다. 택시 승강장에 도착하자마자 우리가 탔던 택시 회사 차량을 찾았다. 그러나 영어가 서툰 나는 제대로 설명하지 못했다. 그때, 뒤에 있던 한 기사가 차에서 내려왔다.

"저 한국어 조금 가능하무니다. 무슨 일이 있으십니까?"

나는 그에게 급히 상황을 설명하자 그는 우리 말을 전달했고 무전기로 연락을 취했다. 잠시 후 희망적인 답을 들려줬다.

"알겠답니다! 그 택시가 다시 돌아온다고 하므니다. 내렸던 장소로 가서 기다려주세요."

나는 다시 원래 내렸던 장소로 달려갔다. 이제 시간이 15분도 채 남지 않았다. 현은 여전히 풀이 죽어 있었지만, 나는 그의 어깨를 두드리며 말했다.

"포기하지 마. 안 되면 어쩔 수 없는 거고, 그래도 할 수 있는 데까지 해보자고."

그리고 기적처럼 10분쯤 지나자 검은 택시가 모습을 드러냈다. 우리는 환호하며 달려갔고 택시 기사가 건넨 지갑과 여권을 확인한 순간 안도감에 눈물이 날 뻔했다. 감사의 표시로 지갑에서 지폐를 꺼내 기사님께 사례금을 드렸다.

체크인 카운터로 다시 달려가 짐을 부치고 비행기에 오르니 그제야 긴장이 풀렸다. 자리에 앉는 순간 헛웃음이 났다. 나는 현에게 이 사건을 글로 남겨야겠다고 했다. 그녀는 사람들이 믿지 않을 거라고 했다. 그렇기도 하다. 기념 삼아 찍었던 택시 사진, 때마침 편의점에서 만난 한국인 아주머니, 한국어를 할 줄 아는 택시 기사님까지. 하나같이 믿기 어려운 우연의 연속이었다. 택시가 되돌아온 시간은 어땠나. 다른 손님이라도 태우고 있거나 멀리 나갔다면, 혹은 길이 조금이라도 막혔다면 우리는 비행기를 놓쳤을 것이다.

모든 행운의 톱니바퀴가 정확히 맞물려 30분이라는 기적 같은 시간이 만들어졌다. 연애를 포기하고 집에 누워만 있던 친구가 다시 한번 떠올랐다. 그는 포기하면 편하다고 했다. 정말 그게 편한 걸까. 만약 내가 공항 의자에 앉아 포기했다면 모든 기회는 물거품처럼 사라졌을 것이다.

그는 연애를 두려워했다. 차마 내게 말하지 못한 마음의 상처와 좌절이 그를 가로막았던 것처럼 나 역시 그 순간의 위기 속에서 마음이 꺾였다면 이 기적 같은 행운도 내 것이 되지 않았겠지. 조카의 반장 도전도 떠올랐다. 실패하고도 꾸준히 도전했던 유진이. 그 아이의 꺾이지 않는 마음이 결국 반장의 자리에 오르게 했듯, 할 수 있는 일을 찾아 도전할 때, 행운은 비로소 손에 닿는다.

신이 선물을 주기 위해 손을 내민다 해도 우리가 손을 뻗어 뛰지 않으면 그 선물을 내 것이 될 수 없다. 행운은 바람처럼 우리 곁을 지나지만, 스스로 행동하고 포기하지 않는 사람만 느낄 수 있는 것일지 모른다. 비행기 창밖을 바라보며 작은 숨을 내쉬었다. 구름 위로 올라서는 순간이 마음에 깊이 새겨졌다. 포기하지 않고 손을 뻗는 용기, 꺾이지 않는 마음. 그것이야말로 연애를 포기한 친구에게도 반장이 된 조카에게도 그리고 일본 택시에서의 작은 기적을 만든 나 자신에게도 가장 중요한 힘일 테다.

행운의 씨앗은 넘어져도 일어서기를 반복할 때 비로소 싹이 튼다. 나는 스스로에게 쓰러지지 말자고, 앞으로 나아가자고, 행운은 다가올 것이고, 나는 다시 손을 뻗어야 한다고 속삭이듯 다짐했다. 그러는 동안 비행기는 하늘을 가르며 앞으로 나아갔다. 아마 행운도 멈추지 않는 발걸음이 있어야 만나볼 수 있을 것이다. 종착지가 '운'이 아니더라도 괜찮다. 어떠한 지점을 향해 나아가는 희망과 열정만 있다면 계속해서 나아갈 수 있을 테니까.

추남(秋男)이
쓰는 글

 올해는 가을의 발걸음이 유난히 느리다. 예전 같으면 10월 중순만 돼도 솜이불을 꺼내고 내복 생각이 절로 났을 텐데 올 가을은 어떠한가. 아침은 춥고 오전은 쌀쌀하고 오후는 덥다가 밤이면 스산해진다. 거리의 행인들도 혼란스럽다. 누구는 반팔과 반바지를 입었고 또 누구는 가디건을 걸쳤다. 가끔은 두툼한 패딩도 등장한다. 옷차림만 보고서는 도무지 어느 계절인지 가늠할 수 없다.

 나는 고등학교 시절, 소위 말하는 '추남'이었다. 쌀쌀한 가을바람이 불면 마음 한편엔 고요한 외로움이 차오르곤 했다. 그 심연을 조심스레 품고서는 혼자 나무 아래를 걸었다. 진정한 문학은 교실이 아닌 창밖 단풍 아래에 있다고 믿었던 나는 선생님께 한 번만 운동장에 나가 글을 쓰게 해달라고 부탁드리기도 했다. 지금 생각해 보면 선생님은 내게서 공부에 대한 기대를 접고 글이라도 끄적이라며 배려해주신 것이 아니었나 싶다. 이런 계절과 분위기에 취했던 나의 모습은 친구들에게도 각별했는지 가을이 깊어질수록 '추남'이라는 별명은 단풍처럼 학교 전체에 퍼져갔다. 그래서인지 가을이 짧아지고 있는 요즘이 아쉽다. 한껏 좋아하던 풍경을 온전히 느껴보지도 못하고 넘어가는 것 같아 조바심이 든다. 제철 과일을 한 입도 못 먹고 다음 계절을 맞는 기분이다. 이런 아쉬움 때문에라도 나는 틈날 때마다 산책을 나선다. 집에서 출발해 해운대 백사장을 지나 미포역을 돌고 갈맷길을 따라 청사포까지 걷는다. 걷다가 가랑비가 내려도 그저 걸었다. 비가 거센 날은 우산을 쓰고라도 길을 나섰다.

  산책길에서 느껴지는 가을의 감성은 짧고 변덕스러운 계절 속에서도 여전히 나를 붙잡는다. '추남'으로 돌아간 듯한 기분을 선물해 주었고, 그 기억을 핑계로 가을을 더 깊이 음미하고 싶어진 나는 내 벌이에는 다소 과한 가격의 캠핑용 의자를 주문했다. 운전을 못하니 들고 다니기 가벼운 제품으로 골랐다.

  물건이 도착하자마자 포장만 뜯어내고 뜨거운 커피를 내려 보온병에 담았다. 그리고 의자를 들고 밖으로 나갔다. 한적하면서도 바다가 잘 보이는 곳에 자리를 잡았다. 하늘은 또 다른 바다가 펼쳐진 듯 푸르렀다. 햇살이 비친 윤슬은 잘 닦아 놓은 에메랄드 접시처럼 빛났다. 기분 좋게 불어오는 바람을 맞으며 의자에 앉아 커피를 한 모금 마셨다.

가을은 점점 짧아지고 있다. 하지만 덕분에 의자를 사고, 이 짧은 계절을 조금 더 적극적으로 즐기려 밖으로 나왔다. 등 떠밀리듯 한 행동이었지만 그 덕분에 이 자리에서 커피를 마시며 하늘을 보고 있을 수 있다는 생각이 드니 나쁘지 않았다. 어쩌면 이게 삶이 오는 방식이고, 내가 맞춰가는 방식일지도 모른다. 가끔은 이런 시간도 썩 괜찮지 않은가.

어른의
우정

출근을 한다. 지하철로 이어지는 길을 묵묵히 걷는다. 옆으로 혹은 앞뒤로 스치는 이들은 순례자처럼 숙연하기만 하다. 갖춰 입은 차림새와는 달리 얼굴은 어딘가 구겨져 있다. 돈을 번다는 것은 참으로 힘든 일이다. 재미있는 노동에는 돈을 주지 않는다는 말처럼, 출근길의 표정들은 하나 같이 무겁다. 나도 그렇다. 새벽부터 일어나 출근 준비를 하고, 억지로 아침을 챙겨 먹으며 하루를 시작한다. 나의 발걸음도 그리 경쾌하지 못하다.

빛바랜 노란 나무들 사이로 난 좁은 길을 지나 큰길로 들어섰다. 갑자기 "와하하!" 하는 출근길에는 어울리지 않는 소리가 들려왔다. 활기찬 웃음소리에 나도 모르게 고개를 돌렸다. 청남색 교복을 입은 학생 다섯 명이 무리를 지어 걸어가는 것이 보였다. 한 녀석이 다른 아이의 가방을 앞으로 매고는 "야, 받아라!" 하며 가방을 번쩍 들어 다른 친구에게 던졌다. 가방 주인으로 추정되는 아이가 "돌려줘!" 소리치며 달려들자 나머지 아이들은 박장대소하며 옆으로 피했다. 그러더니 한 녀석이 갑자기 가방을 옆구리에 끼고 "받으려면 따라와 봐라!" 하며 앞으로 뛰어나갔다. 남은 아이들이 소리치며 쫓아갔고 한 학생이 엉덩방아를 찧자 그걸 본 애들은 희희낙락하며 손뼉을 쳤다.

그들을 보고 있으니 자연스레 나의 학창시절이 떠올랐다. 그때의 친구들 그리고 나의 우정이 떠오르면서 나도 아이들처럼 웃고 떠들던 시절이 있었다는 사실에 마음 한구석이 따뜻해졌다. 그런데 동시에 묘한 허전함이 느껴졌다.

'친구'라고 부를 만한 이들의 얼굴을 떠올렸다. 고등학생 때 늘 함께 다녔던 수와 남. 수는 온화하고 섬세해 큰누나처럼 우리를 챙겼다. 남은 머리가 비상했지만 천진난만한 성격 덕분에 우리를 늘 웃음짓게 했다. 물론 일이 터지면 우리가 남을 챙겨야 하는 일이 더 많았지만, 막내 같은 그런 남을 좋아했다.

우리는 대학생이 되어서도 종종 모였다. 청계천을 걸으며 서로의 이야기를 나누고, 한강공원에 앉아 과자를 먹으며 밤을 보냈다. 남은 연애에 실패할 때마다 청계천 물에 자신의 눈물이 반은 섞였다는 우스갯소리를 했고, 그럴 때마다 우리는 소소한 위로를 보냈다. 특히 수가 새로 이사한 원룸에서 벌어진 사건은 수십 년이 지난 지금까지도 잊을 수 없다.

당시의 수는 기숙사 생활을 청산하고 원룸으로 독립하게 되면서 무척이나 신이 나 있었다. 큰 마음 먹고 텔레비전과 컴퓨터에 이어 청소기까지 장만했다. 본인 취향대로 꾸민 집이었다. 오직 자신만을 위한 집으로 바꿀 거라며 웃던 그의 얼굴이 아직도 생생하다. 그는 이사를 기념할겸 집들이를 열었다. 나는 중요한 수업이 있어 참석하지 못했지만, 평소 술이 약한 남이 걱정되어 수에게 남을 잘 자제시켜 달라고 당부했다. 그런데 아니나 다를까, 자정이 넘은 시간에 수에게 전화가 걸려왔다.

"야, 나 화내도 돼?"

평소 차분하기만 하던 애가 전화를 받자마자 화를 내도 괜찮겠냐고 물어오니 나로서도 퍽 당황스러웠다. 무슨 일이냐고 물으니 남이 만취해서 난리도 아니라고 했다.

들어본즉, 둘은 밤 늦게까지 술을 마셨고 늘 그렇듯 남이 먼저 취했다. 수는 새로 산 이불 위에 남을 눕히고 바닥에서 잠들었다. 그렇게 몇 시간이나 지났을까, 은근히 코를 찌르는 비릿한 냄새와 요란한 물소리에 수는 눈을 떴다. 불을 켜 보니, 남이 새로 산 TV를 변기로 착각했는지 그 앞에서 볼일을 보려고 했다고. 수는 놀랄 겨를도 없이 남을 화장실로 끌고 가려 했으나 때는 이미 늦었다. 수는 체념한 채로 TV를 밖으로 옮기고 남을 눕혔다. 그런데 이번에는 어디선가 시큼한 냄새가 나더란다. 남이 그새 이불에 토를 한 것이었다. 수는 어눌한 발음으로 사과하는 남을 보며 괜찮으니 제발 그냥 누워 있으라고 했다. 그는 토사물이 묻은 이불을 들고 세탁실로 갔다. 한창 비누칠을 하고 있는데, 방에서 윙 하는 소리가 들렸다고 했다.

문을 열고 들어가니, 남은 새 청소기로 자신의 구토물을 빨아들이려 하고 있었다. 수는 그냥 누워 있는 게 돕는 거라며 소리쳤다. 청소기는 멈췄고, 수는 청소기를 들고 다시 세탁실로 가며 나에게 전화를 한 것이었다.
"이 녀석, 진짜 가만히 누워만 있으면 좋겠디. 나 지금이라도 화내도 되냐?"
나는 더이상 남의 편을 들어줄 수가 없어 참지 말고 화내도 괜찮다고 말해주었다. 그러자 수는 서글픈 목소리로 왜 진작 그렇게 말하지 않았냐며 울먹거렸다.

다음 날 아침, 걱정되는 마음에 수에게 전화를 걸었다. 괜찮냐고 물으니 수는 한숨 섞인 목소리로 대답했다.
"아침부터 숙취 때문에 죽겠다길래 지금 국밥 사주고 있어."
"와, 너 진짜 대단하다. 나였으면 평생 안 봤을 텐데."
농담조로 던진 말이었지만, 돌아오는 대답은 사뭇 진지했다.
"화내봤자 뭐 하겠어. 어제 일은 나만 잊어버리면 그걸로 끝이고, 남은 이미 다 잊었을 걸?"

수의 말에 나는 잠시 침묵했다. 간밤의 소동 때문인지 수의 목소리에는 피곤함이 역력했지만 그 속엔 따뜻함이 있었다.

"이놈이 나한테 이런 짓을 할 때마다 얘도 공부 스트레스가 많나 보다 싶어. 누구나 실수는 하잖아."

수와의 대화를 마치고 나니, 가슴 한편이 몽글해졌다. 청춘을 함께한 우리는 오랫동안 '친구'라는 이름으로 살아갈 것 같다는 생각을 했다.

수가 남을 챙기듯, 나를 챙겨주었던 정도 빼놓을 수 없다. 그녀는 고등학교 때부터 알고 지낸 친구였는데, 같은 대학에 입학하게 되면서 우정이 한층 더 깊어졌다. 학창 시절에는 장난도 치고 가끔 놀기도 하는 사이였다. 그런데 대입을 위한 논술 시험을 치러 서울에 갔을 때, 그곳에서 마주한 정은 그간의 느낌과는 확연히 달랐다. 잃어버린 줄로만 알았던 가족을 찾은 듯한 안도감과 특별한 반가움이 밀려왔다.

서울 고시원에 짐을 풀자마자 나는 정부터 찾았다. 우리는 대학교 앞 카페에 갔는데, 그날이 내 인생에서 처음 카페에 가본 날이었다. 카라멜마끼야또나 파르페가 무엇인지 몰랐던 내게 정은 메뉴들을 설명해주었다. 나는 추운 날씨에 어울릴 것 같은 핫초코를 주문했다. 진동벨도 그날 처음 보았는데, 정은 그런 내가 측은해 보였던지 벨이 울리면 주문한 음료를 가지고 오면 된다고 말했다. 곧 진동벨이 울렸고, 그래도 남자라고 내가 가지고 오겠다고 했다. 그러나 처음 와본 낯선 환경에 몸은 굳어져버렸고 나는 음료를 테이블에 놓다가 그만 엎질러버리는 실수를 하고 말았다. 하필이면 하얀색 점퍼를 입고 있었던 나는 당황한 채로 흐르는 음료를 손으로 털어댔다. 정은 곧장 카운터로 달려가 물수건을 가지고 와 내 옷을 닦아주었다.

이외에도 정은 내가 늦은 나이에 군대를 가기 전까지 수년간 많은 도움을 주었다. 심각한 길치였던 내게 그녀는 살아 있는 나침반이었다. 약속이 있을 때면 언제나 동행해주었고, 나는 습관처럼 그런 그녀의 뒤를 따라 걸었다. 하루는 정에게 농담처럼 말했다.

"긴 끈 달린 가방 하나 사. 내가 그 끈을 잡고 다니는 게 나을 것 같아."

그러나 이 말 속에는 전하지 못한 진심이 담겨 있었다. 당시의 나는 세상과 나 자신을 날카로운 면도날처럼 대했다. 내 존재를 꽁꽁 감추면서도, 어쩌다 내게 가까이 다가오는 이들에게조차 날을 세웠다. 지금 생각하면 부끄러울 정도로 말도 직설적으로 했고, 태도도 공격적이었다. 간혹 미용실을 다녀온 정이 바뀐 스타일이 어떻냐고 물어올 때면 미용사에게 돈을 받고 온 거냐고 말했고, 요즘 키가 좀 큰 것 같지 않냐는 그녀의 말에 발

바닥에 살이 오른 것 같다고 답했다. 어디 그것뿐이었나. 하루는 도서관에서 온종일 공부를 하고, 각자의 짐을 챙기며 계단을 내려가고 있었다. 정은 언제나처럼 내 옆에서 이런저런 이야기를 하며 걸었고, 나는 주머니에서 이어폰을 꺼내 꽂으며 귀찮은 듯이 대꾸했다. 그런데 갑자기 내 이름을 부르는 정의 목소리가 들렸고, 고개를 돌려 보니 정이 계단에서 발을 헛디디며 중심을 잃고 굴러떨어지고 있는 게 보였다. 시간은 슬로우모션처럼 느리게 흘렀다. 정은 나를 향해 손을 뻗었지만, 나는 이어폰에 정신이 팔려 주머니에서 손을 빼지 못했다. 그녀는 큰 눈송이가 되어 계단 아래로 데굴데굴 굴러갔다.

"괜찮아? 많이 아파?"

급히 달려간 나는 숨을 헐떡이며 물었다. 그녀는 눈물이 그렁그렁했지만 금세 몸을 털고 일어서며 괜찮다고 했다. 그런데 그 순간 나는 본능적으로 다른 말을 꺼냈다.

"다행이다. 요즘 살이 좀 붙어서 보호가 됐나 보네."

정은 멈칫하더니 씁쓸히 웃었다. 당시의 나는 대체 왜 그랬을까. 마음은 전혀 그렇지 않았으면서. 이렇게 못난 말만 뱉어내던 나에게 정은 내 삶의 길잡이였다. 부드러운 비단처럼 사람을 감싸는 그녀 곁에 머무르자 고슴도치 같았던 나의 가시도 서서히 무뎌지고 부서져 나갔다. 지금 내가 조금이라도 따뜻한 면이 있는 사람이라면, 그 온기의 씨앗은 정이 준 것일 테다. 그런데 세월이 흐른 뒤 돌아보니, 내가 정에게 했던 행동이 너무나 미안하게 느껴진다. 제아무리 부드러운 비단이라도, 오랫동안 날카로운 바늘을 품으면 여기저기 상처가 나기 마련이다. 내가 동그래지는 동안 그녀는 얼마나 모가 났을까.

가끔 정을 떠올릴 때면 마음 속엔 고마움과 미안함이 공존한다. 나에게 빛이었던 정, 하지만 그런 빛에게 나라는 존재가 그림자는 아니었을까 싶은 생각이 스치는 순간이 있다.

추억은 오래된 노트에 적힌 이야기 같다. 이제는 공책을 펼쳐야 과거의 일들을 기억 속에서나마 꺼내볼 수 있다. 지금의 나를 완성시킨 소중한 일들이지만, 나에게는 과거의 관계보다는 현재의 인연이 더 중요하다. 결론부터 말하자면, 남과 수는 1년에 두세 번 정도는 안부를 주고받는 여전한 친구다. 정과는 연락을 안 하고 지낸 지 10년이 다 되어간다. 간혹 소셜 네트워크를 통해 그녀의 삶을 엿보기는 하지만, SNS 활동을 거의 하지 않는 나로서는 이마저도 드물다.

오랫동안 함께일 줄로만 알았던 믿음은 치기 어린 착각이었다. 그들과 함께하지 못하는 지금이 허전하냐고 묻는다면 그렇다. 허전하다. 때로는 내가 세월을 잘못 보내온 것은 아닌지 자책하기도 한다. 그러나 이는 자연스러운 삶의 변화이다. 뜨거웠던 사랑도 시간이 지나면 식기 마련이고, 눈에서 멀어지면 마음에서도 멀어진다는데 우정이라고 다를 바 있겠는가. 물리적 거리가 심리적 거리로 이어지는 것은 너무나도 자연스럽다. 그저 어른으로 살아가는 삶의 일부일 뿐이다.

나는 부산에 친구들은 대전과 대구 그리고 서울 등에 흩어져 산다. 모두들 바쁜 삶을 살고 있다. 자녀까지 있는 정은 더욱 지열한 하루를 보내고 있을 것이다. 이렇게 보면 너무나도 가까웠던 사람들조차 세월의 흐름에 멀어질 수 있는데, 나와는 결이 아예 달랐던 사람들 틈에서 왜 그토록 같아지려 애썼는지 후회되기도 한다.

어른의 우정은 첫사랑보다 깊다. 그들을 떠올리면 아픔보다는 그리움이 앞선다. 아련하면서도 따뜻한 감정이 그리움을 덮는다. 비록 지금 그들이 곁에 없다 해도 그 관계가 여전히 소중하다는 사실만으로도 감사하다. 어른이 되어 그들과의 만남이 줄어들어도 이제는 가질 수 없는 관계라는 점에서 더욱 그렇다. 그럼에도 불구하고 아쉬움이 남는 것은 솔직하게 말하지 못했던 순간들이다. 수 그리고 남과는 달리 정과는 완전히 연락이 끊긴 상태다. 여러 사정이 있었지만 그녀가 자신의 삶에서 가장 찬란했던 순간을 함께해주지 못했다. 그 시절의 나는 진실하지 못했고, 충분히 솔직하지도 못했다. 시간이 흐르고 관계도 변해버렸지만, 아쉬움만은 여전히 남아 있다. 나는 정에게 더 많이 말했어야 했다. 더 진심으로 다가갔어야 했다. 그러나 그것 또한 어른이 된 우리의 우정일지도 모른다. 말하지 못했던 마음은 여전히 남아 있지만, 그녀와 함께했던 그 시간들은 여전히 내게 빛으로 남아 있다.

어른의 우정이란 서로 멀리 떨어져 있어도, 물리적 거리로 인해 심리적 거리마저 생겼어도 진실했던 순간만큼은 고이 간직하는 관계이다. 매일 함께하지 않아도 괜찮다. 1년에 한두 번이라도 그때로 되돌아가 웃으며 즐길 수 있다면 그걸로 되었다. 그리고 그 관계를 만들었던 우리가 지금도 그때처럼 진실되게 살아간다면, 어쩌면 언젠가 다시 이어질 날이 올지도 모른다. 그리고 기대해 본다. 나의 글이 매개가 되어 다시 한번 우리의 시간이 이어지기를.

나는
노예다

 스스로를 노예라고 칭하는 형에게는 어린 딸이 있다. 그 작은 소녀를 위해 밥을 차리고 학원까지 데려다주는 일도 서슴치 않는다. 오늘은 소녀의 친구들이 집으로 온다고 했다. 기를 한껏 세워주기 위해 장난감 정리부터 간식 준비까지 열을 올렸을 형을 생각하니 존경심마저 든다. 형은 주말이면 자신의 취향과는 전혀 다른 장소들을 누비곤 한다. 오롯이 딸을 위해서다. 처음에는 너무 자식에게 종속된 듯한 형의 삶이 다소 안타깝게 느껴졌다. 그러나 생각해 보면 보통의 가정을 꾸리고 있는 부모라면 누구나 이와 같은 삶을 살아가고 있을 터였다.
 자식, 그것은 형에게도 그렇지만 내게도 큰 고민거리다. 나는 자식이 없다. 나처럼 아이가 없거나 아이를 낳지 않기로 결심한 사람도 이따금씩 미뤄둔 숙제가 있는 것처럼 마음 한구석이 불편해 온다. 책임에 대한 불안인지 사회적 시선 때문인지는 알 수 없다.

 명절에 집에 가면 어머니는 스마트폰을 들고와 도움을 요청하신다. "광고 좀 없애다오." "포인트를 어떻게 쓰는 거니?" 나로서는 쉬운 일이지만 어머니에겐 큰 숙제다. 나는 투덜거리면서도 어머니의 문제를 해결해준다. 그럴 때마다 머릿속에는 같은 질문이 떠오른다.
 '내가 노인이 되면 그땐 누가 내 곁에 있을까?'
 아버지는 몸이 편찮으셨다. 구급차를 타고 병원을 가는 일이 잦았다. 그땐 어머니와 내가 늘 함께했기에 괜찮았다. 그런데 만약 아버지의 보호자가 나 혼자였다면 어땠을까. 함께 있는 가족이 당연한 내게, 아버지의 위급한 상황을 홀로 지켜봐야 했을 상황은 상상조차 어렵다.
 사실 아이를 떠올릴 때 내 마음에 오는 가장 첫 번째 감정은 이기심이다. 국가의 저출산 문제보다 내 노후의 안위가 더 걱정이다. 그렇다고 이런 걱정이 단순히 개인적인 고민이라고만 보긴 어렵다. 쌀쌀한 바람이 불고 창가에 앉아 가만히 있으면 불안은 낙엽처럼 쌓인다. 아이를 낳는 것이 옳은가 아니면 혼자 사는 것이 더 나은 선택인가.

 몇 해 전 조카가 태어났다. 조카는 정말 귀엽다. 한두 시간 동안 놀아줄 때는 천사 같지만 시간이 지날수록 피로해진다. 아이가 없는 삶이 생각보단 나쁘지 않다는 생각도 든다. 3분이면 귀엽고, 30분이면 지치며, 3시간이면 집에 가고 싶어진다. 만약 내 아이였고 그 집이 내 집이었다면 힘들었을 것이다.

학창 시절까지만 해도 일찍 결혼하고 아이도 여럿 낳고 싶었다. 결혼과 출산은 개인만의 문제가 아니라 사회를 위한 일이자 책임이라고 여겼다. 그러나 지금은 생각이 좀 달라졌다. 결혼과 출산이 사회적으로는 옳다고 생각하면서도 내 삶과는 분리하려는 이중적인 태도를 취하게 된 것이다. 나라를 위해 아이를 낳으라는 말은 너무 구태의연하다. 그렇다고 '삶은 당신의 것이니 하고 싶은 대로 하세요'라고 말하자니 무책임한 느낌이다. 좋은 선택을 하기 위해선 먼저 제대로 알아야 하지 않을까.

나는 아이가 있는 사람과 무자녀인 사람의 입장을 모두 들어보았다. 아기를 가진 사람들에게 아이를 키우는 일이 많이 힘드냐고 물었다. 대부분의 대답은 비슷했다.

"생각했던 것보다 힘들어요. 힘들 거라고는 예상했지만, 이렇게까지 힘들 줄은 몰랐어요. 밤마다 두 시간 간격으로 깨는 일, 늘어나는 분유값 같은 것들은 직접 겪어보지 않으면 몰라요. 아이가 아프면 부모의 일상도 멈춰요. 출근은 했는데 어린이집에서는 아이를 맡아줄 수 없다고 하고, 학원에서도 쉬라고 하면 세상이 다 무너지는 것만 같아요."

 흔히 '선택했으니 책임지라'는 말을 하지만 삶의 무게는 그렇게 단순하지 않다. 배우자의 폭력성을 모르고 결혼한 사람에게, 회사의 갑질을 모르고 입사한 사람에게 당신의 선택이지 않았냐는 말로 그들의 고통을 당연시할 수 없다. 부모가 되는 것도 마찬가지다. 출산은 단순히 선택의 문제가 아니라 미처 알지 못했던 세계로의 입장이다. 반대로 자식이 없는 사람들은 어떨까. 예전에는 결혼과 출산이 당연한 순리라 여겨졌다. 그러나 요즘은 결혼을 해도 아이는 낳지 않을 거라는 말이 그리 이상하지 않다. 책임질 자신이 없기 때문에 딩크족으로 산다는 대답을 가장 많이 들었다.
 아이를 책임지기 두렵다는 말이 다소 철 없게 들릴 수도 있지만, 한 생명을 책임지는 게 고민된다는 것만큼 솔직한 감정도 없다. 당장은 아이 없이 사는 삶이 더 자유로워 보인다. 마음껏 여행을 다니고 하고 싶은 일을 하며 나만의 시간을 누릴 수 있다. 하지만 가끔은 이런 생각이 스친다.
 '나이가 들어 힘이 없을 때는 어떨까. 그제야 가족은 있는 게 맞았다고 후회하지는 않을까?'
 혼자 사는 삶이 나은지, 가족과 함께하는 삶이 나은지는 현재의 선택만으로 알 수 없다. 삶은 생각보다 변수가 많고, 어떤 선택도 하나의 결과로만 귀결되지 않는다. 해가 바뀔수록 이런 생각이 깊어진다. 그러나 미래를 예측하려 애쓰기보다는 지금의 나를 조금 더 깊이 이해하는 데 시간을 쏟는 것이 더 나은 방향이다. 선택의 결과는 무겁고 중대하다. 어떤 일에 대한 결정을 내릴 때는 충분히 고민하고, 나에게 맞는 답을 선택해야 한다. 주도적인 삶이란 거창한 것이 아니다. 내가 나를 이해하고 그 이해를 바탕으로 내 삶을 스스로 만들어가는 과정이다. 진정한 지혜는 낯선 깨달음을 찾는 데서 오는 것이 아니다. 익숙한 나를 좀 더 잘 아는 것에서 시작된다.

실명할 수도
있습니다

"저희 병원에서는 수술이 어렵겠어요. 대학병원을 알아보는 게 좋겠습니다."

유명하다고 찾아간 안과에서 말했다. 순간, 수많은 생각이 스쳤다. 적은 나이는 아니지만 돌아가신 아버지의 나이에는 한참을 못 미친다. 그런데 보는 것을 잃을 수도 있다니. 사형선고 같은 이 말을 실감하기 어려웠다.

얼마 전, 삶에서 도망칠 연습을 한다며 글을 썼는데… 이게 글 때문인가 싶은 엉뚱한 생각이 들었다. 가수도 자신의 노래처럼 운명이 흘러간다는데, 혹시 나도 그런 걸까.

남의 암보다 나의 감기가 더 무섭다는 말이 체감되었다.
주위에서는 누군가 암에 걸렸다고 했다.
누군가는 혈액 투석을 한다고 했다.

또 다른 누군가는 다리가 불편하다고 했다.

분명 안타까운 일이다.

그들의 건강을 바라면서도, 나는 어쩌면 무의식적으로 '그래도 남의 일'이라고 생각했나 보다.

그런데 지금, 내게 닥친 건 눈이었다.

고작 '보는 것' 정도?

최악의 경우에도 완전한 실명은 아니다.

한쪽 눈을 잃어도, 다른 한쪽은 남아 있다.

하지만 가까운 곳은 돋보기, 먼 곳은 안경 그리고 햇빛 아래에서는 선글라스를 써야만 한다.

생명에 지장이 있는 것도 아니다.

그런데도 심장이 두근거렸다.

앞으로 벌어질 수술의 대장정.

"상태가 매우 좋지 않으니, 수술이 길어질 수도 있습니다. 유념하고 시작해야 합니다."

의사의 설명이 이어졌다.

하지만 들리지 않았다.

머릿속이 멍해졌다.

눈앞의 달력만 멍하니 바라봤다.

주위에서 큰 수술을 받았던 사람들을 떠올렸다.

그들은 대단했구나.

나는 이렇게 작은 바람에도 흔들리는데, 그들은 태풍 속에서도 묵묵히 견뎠구나.

집으로 돌아와 병원을 알아봤다.

두려움이 커질수록, 삶을 더 깊이 되돌아보게 됐다.

세상에는 일이 참 많다.

가까운 사람의 죽음.

황당스러운 사고.

가만히 있는 나를 아프게 하는 사기.

정말 별별 일이, 하늘이 아니라 이 땅 위에 널렸다.

하지만 그런 일들이 생길 때면, 늘 같은 생각이 든다.

'왜 나만.'

참 무서운 말이다.

어떻게 저렇게 간결한 문장이 사람을 단숨에 불행하게 만들 수 있을까. 이 말은 유쾌하지 않은 일이 생길 때 떠오른다.

언젠가 이런 질문을 받은 적이 있다.

"친구가 이혼을 했는데 너무 힘들어해. 무슨 말을 해줄 수 있을까?"

그래도 작가라고 글을 끄적이는 사람이라고 무슨 말이라도 듣고 싶었을 것이다. 하지만 나는 아무 말도 해줄 수 없었다. 큰 아픔 앞에서 내가 무엇을 주제넘게 말할 수 있을까. 인간에게는 시간에 맡기는 방법보다 확실한 법이 있을까. 그러나 만약 위로가 필요한 대상이 나였더라면 이렇게 말해주었을 것이다.

"당신만 그런 일이 아니다."

기쁨은 나누기 쉽고, 슬픔은 숨기기 쉽다. 주위가 모두 행복해 보이는 건 그것을 장식품처럼 밖으로 꺼내놓기 때문이다. 내 가슴 속 주머니에 넣어둔 아픔은 보이지 않는다. 오히려 깊은 아픔일수록, 더 깊숙이 감춰둔다. 나도 마찬가지다.

의사 선생님께서 말했다.

"젊은 사람이 이런 경우는 본 적이 없습니다. 노인분들과 비교해도 상황이 매우 좋지 않습니다."

나를 위하는 말 속에서, 나는 단 하나의 생각만 떠올렸다. 그것은 어두운 터널 속에서 희미하게 빛나는 횃불 같았다. 다 쓰러지고 남은 마지막 기둥처럼 서 있었다.

"왜 나만."

하지만 아니다. 그것은 변명이다. 이런 일이 내게 몇 번이나 있었는가.

큰 차 사고.

불치병.

장기 이식.

이외에도 셀 수 없이 많았던 크고 작은 사건들. 세상에 널려 있는 일들 중 하나일 뿐이다. 사소한 일일지도 모른다.

나도 글쟁이가 되어가는가 보다. 유튜버들이 차 사고가 나면 컨텐츠가 생겼다며, 몸보다 방송을 켠다더니. 덕분에 글감이 생겼다는 생각을 하는 나를 보며 어쩐지 쓴웃음이 났다.

나만 이런 일을 겪는 게 아니다. 수없이 많은 일들 중 하나가 내게 온 것일 뿐이다. 그리고 글감이 생겼다는 생각이 드는 걸 보면 이것도 오직 나쁜 일만은 아닌가 보다. 이제 병원도 자주 가야 하니 오히려 모르고 지내다 더 크게 시력을 잃는 사람들보다는 다행이다.

좋아지고 나서 하는 말은 싱겁다. 팔팔 끓을 때 먹는 국물이 더 맛있듯이, 지금 이 순간, 오히려 글을 적고 싶었다. 아플 때 하는 말은 평소보다 묵직한 맛이 있을 테니까.

나보다 조금은 괜찮은 일을 겪고 있는 사람에게 이 말이 위로가 되기를 바란다. 그리고 말하는 것조차 부끄럽지만 큰 병을 앓으면서도 나를 웃는 얼굴로 대해주었던 이들을 새삼 존경하게 되었다.

그들은 어떻게 흔들리지 않는 마음을 가지게 된 사람들일까. 작은 고통이 찾아오니, 큰 고통을 이겨내는 이웃들의 존재가 더 크게 느껴진다.

아픔은 겪어봐야 안다. 40도짜리 술이라고 쓰여 있으면 독하겠다고 생각할 뿐이지만, 직접 마셔봐야 '이건 사람 먹을 게 아니구나' 하고 자각하듯, 수백 편의 글을 읽어도 작가의 감정을 온전히 느끼기는 어렵다. 그럼에도 가끔은 그러한 이야기도 필요한 이유는 조금이라도 공감하고 내게 닥친 시련이 그렇게까지 큰일은 아닐 수도 있다는 위로를 바라는 마음 때문이겠지. 돌이켜보면, 과거에도 이런 감정을 느꼈던 순간이 있었다.

아버지가 돌아가신 날. 나는 형의 차를 타고 병원으로 가고 있었다. 자주 쓰러져서 응급실에 가는 일이 많았던 아버지. 그날도 그저 혈당 조절이 잘못되었겠거니 싶었다. 음식 조절을 잘 하시고 운동을 하시라, 그런 말을 전할 생각도 하고 있었다. 그런데 병원에서 직접 전화가 왔다.

"아드님 되시죠? 얼마나 걸리십니까?"

"한 시간 정도 걸릴 것 같습니다."

"혹시 더 빨리 오실 수 있을까요?"

수화기 너머의 그는 말을 흐렸다.
"그래도 아버님 임종은 보시는 게…"
그 순간 나는 모든 것이 달라졌음을 직감했다.

아버지는 살아생전 좋다며 벌통을 가져다 놓으셨던 작은 땅에 묻히셨다. 그 순간은 평생 잊을 수 없을 것이다.
나이가 들수록 죽음이 익숙해진다. 친구의 부모님, 직장 선배의 장례식, 친척 어르신들의 죽음, 나이만큼이나 나는 죽음을 더 많이 세어 보게 되었다. 그러다 보니, 어느 순간 큰 아픔보다는 안타깝다는 생각이 먼저 들었다. 그러나 아버지가 묻히는 그 순간만큼은 달랐다. 그 장면은 마치 영화 한 장면을 정지시켜 일주일 내내 바라본 것처럼 뇌리에 깊숙이 새겨졌다.

뭐든지 이런 일이었구나. 겪어봐야 아는구나. 남의 아픔을 작게 보지 말고, 나의 아픔을 크게 보지 말자. 그런 다짐을 했던 순간이 수술을 앞둔 지금 다시 떠올랐다.
신은 내게 세상을 겸손하게 살아가라는 가르침을 내리고 계신다. 나는 종교가 없지만, 내가 선택할 수 없는 이런 일들은 인간이 관여할 수 없는 세계에 존재하니 그저 신이라 부를 수밖에 없다.
나는 자주 이런 이야기를 한다. 이것은 일종의 나의 헛소리지만 살다 보니 내게는 하나의 믿음이 생겼다. 인생의 행복 총합은 누구나 같다는 것이다. 살다 보면 좋은 일이 오면 그만큼 나쁜 일이 따라오고, 아주 나쁜 일이 생기면 그만큼 좋은 일이 찾아오더라. 수술 날짜를 잡고 기다리면서 그런 생각을 했다. 앞으로 얼마나 좋은 일이 생길까.

또다시
배우는 중입니다

수술을 한다는 글을 쓴 지 한 달도 채 지나지 않았다.

이제야 좀 나아진 걸까.

딱 일상으로 복귀할 수 있을 만큼만 몸이 움직여준다.

세상을 살아가려면 일을 해야 하니까, 불편한 눈이지만 이 정도면 출근은 할 수 있겠다는 판단이 들어 회사로 향했다.

며칠쯤 지났을까.

밤을 새우고 아침이 되어서야 맞는 퇴근길, 눈이 뿌옇게 흐려졌다. 잠을 많이 못 자서 그런 걸까. 집에 오자마자 따뜻한 물로 샤워를 했다.

아파트 화단에는 벌써 벚꽃이 피어 있었다.

차가웠던 날씨가 서서히 풀리면서 사람들은 가장 예쁜 옷을 꺼내 입고 거리를 걸어 다녔다.

모처럼 쉬는 일요일이라 오후에 현이와 외식 겸 산책을 하기로 했다.

'조금만 자고 나면 괜찮아지겠지.'

속으로 중얼거리며 다시 눈을 감았다.

일부러 더 오래 잠을 청하고, 늦게 일어났다.

그런데 흐릿했다. 순간, 눈곱이 꼈나 싶어 오른쪽 눈을 가볍게 비볐다. 별반 나아지지 않자 다시 세면대로 가 얼굴을 씻었다. 그러나 여전히 세상의 반은 흐릿했다. 마치 안개가 안쪽에서 피어오른 듯, 시야는 맑아지지 않았다. 불안감이 아스팔트 위로 스멀스멀 올라오는 열기처럼 피어올랐다.

'다시 안과에 가야겠다.'

그 생각이 마음 한구석에서 무겁게 떠올랐다.

하지만 날 좋은 일요일이었다. 벚꽃처럼 화사한 시간, 나 때문에 현이의 기분까지 흐려지게 하고 싶지 않았다. 그저 무심한 어투로 말했다.

"내일 안과에 좀 다녀오려구."

"왜? 눈이 또 안 좋아?"

나는 웃으며 고개를 저었다.

"아냐. 너무 무리했나 봐. 그냥 좀 흐려."

순간 그녀의 표정이 변했다.

해맑게 소풍을 준비하던 아이 같던 얼굴이, 삽시간에 군대를 보내는 어머니의 얼굴로 바뀌었다. 그녀는 급히 컴퓨터를 검색하고, 어딘가에 전화를 걸었다.

"지금 당장 진료 가능한 병원은 여기뿐이래. 빨리 가야 해."

우리의 일정은 푸른 바다에서 회색 병원으로 바뀌었다.

일요일의 안과는 특히 붐볐다.

1시간을 달려 도착한 낯선 병원, 그곳에서 2시간이 넘게 기다린 끝에 진료를 받았다. 나는 애써 웃으며 말했다.

"괜찮을 거야. 보험 청구도 해야 하니까 진료 확인서도 받아서 나올게."

진료실에 들어가고, 다시 나왔을 때 내 손에는 진료확인서가 아닌 진료의뢰서가 들려 있었다.

떨리는 눈빛을 마주하니, 입술이 바짝 마르는 느낌이었다.

무겁게, 조심스럽게 입을 열었다.

"현아… 망막에 구멍이 있대. 박리 중이래. 대학병원에 빨리 가보래."

그녀는 잠시 손을 부르르 떨었지만, 애써 고개를 끄덕이며 조용히 운전대를 잡았다. 내가 갈 수 있는 병원은 꽤 멀었다. 하지만 선택할 수는 없었다. 운명에 간택 당한 환자는 그저 받아주는 곳이 있다는 사실에 감사할 따름이었다.

"무슨 일로 오셨어요?"

처음 받아보는 응급실 진료.

간호사들이 조심스레 나를 바라보았다.

"눈, 보이기는 하시죠? 걸을 수는 있으시죠?"

가장 친절한 말투였지만, 나를 어느 때보다도 작아지게 만드는 목소리이기도 했다. 절차에 따라 신분증을 건네준 다음, 몇 가지 검사를 받았다.

"응급입니다."

의료진의 다급한 말과 움직임이 마치 내 눈의 위급함을 그대로 반영하는 것 같았다. 옷이 빠르게 벗겨졌고, 나는 하얀 환자복을 입었다. 그리고 곧이어 낮에 보았던 파란 하늘 같은 색의 수술복으로 갈아입혀졌다.

"수술이 조금 괴로우실 수 있어요. 특히 젊은 분들은 더 힘들어하기도 합니다."

그 말을 듣는 순간 문득 떠올랐다.

병원에서 말하는 '조금'은 환자에게는 종종 '매우' 무서운 말이라는 걸. 나는 다행히 전신마취를 선택할 수 있었다. 살면서 처음, 나의 몸 하나 때문에 응급실로 실려가 전신마취를 받게 된 날이었다.

불과 한 달 전에 눈 수술 이야기를 글로 썼었다. 아직 통증이 다 가시지도 않았는데, 이토록 빨리 이 자리에 다시 서게 될 줄은 몰랐다.

수술이 끝났다.
아직 잘 보이지는 않는다. 나는 생생한 감정을 붙잡기 위해, 눈을 겨우 뜬 채 둔한 손으로 글을 쓰고 있다. 사실 수술이 끝난 지 5분도 지나지 않았다. 웃기지만 이런 순간조차 무언가를 끄적이고 있는 걸 보니 열정만큼은 작가인가 보다.

태어나 처음 받은 전신마취였다. 나는 겁이 많다. 병원 문턱만 넘어도 혈압이 160을 훌쩍 넘는다. 눈에 구멍을 뚫고, 2시간 가까이 이어질지도 모르는 수술이 두렵지 않을 리 없다.
어릴 적 충치로 아플 때, 치과에 가지 않기를 간절히 바라며 아빠가 내가 잘 때 이빨을 뽑아줬으면 좋겠다는 기도를 했었다. 물론 그런 하찮은 기도를 신이 들어주셨을 리 없기에, 다음날엔 실로 묶인 이빨이 세차게 당겨졌다. 하지만 오늘 수술은 어린 날의 기도가 드디어 닿았다.
대한민국 의료, 만세다. 나는 수술실 침대에 누웠고, 긴장해서 그런지 정신은 낮 두 시에 조깅하는 나보다도 말짱했다.
'이래선 마취 안 될 텐데…' 하고 있는데, 눈을 감은 채 누군가의 목소리가 들렸다.

"마취 담당입니다. 산소 먼저 주입할게요."

시원한 공기가 들어왔다. 몇 번이나 호흡을 했을까.

"이제 마취약 들어갑니다."

차가운 약물이 혈관을 타고 들어오는 감각. 그게 내가 기억하는 마지막 순간이었다.

"눈 뜨셔도 됩니다."

...뭐지, 설마.

"수술 잘 끝났습니다."

정말이었다. 어릴 적 그 유치한 기도는, 아마 오늘을 위해 미뤄졌던 게 아닐까. 정말로, 눈을 감고 다시 뜨니 수술은 모두 끝나 있었다.

다행이다.

앞으로 또다시 큰 수술이나 전신마취를 마주하게 되더라도, 예전처럼 두렵진 않을 것 같다. 한편으로는 삶에 대한 막연한 두려움이 조금은 줄어든 것도 같다.

글을 이렇게 생생하게 남기는 이유, 사실은 나 같은 겁쟁이들을 위해서이기도 하다. 처음 큰 수술을 앞둔 누군가에게 정말 너무 걱정하지 않아도 괜찮다는 작은 일지를 전한다. 그대들도,

모두 건강해지시길.

 몸에 힘이 없다. 2주 동안 엎드려 있어야 한다고 했다. 엎드린 자세로 잠을 자는 일은 생각보다 고역이다. 그래서 지금, 간호통합실에 들어와 있다. 어머니와 형은 멀리 떨어져 있다. 보호자는 없고, 수술도 혼자 받았다. 이 밤 역시, 혼자 보내게 될 것 같다.

 한동안 콧물이 미친 듯이 흘렀다. 눈은 아프고, 손에는 링거가 꽂혀 있어서 몸을 움직이기도 어렵다. 휴지 하나 구해줄 사람조차 없다. 간호사님께 부탁드리자 길다란 휴지를 몇 장 떼어다 놓고 가셨다. 하지만 계속 흐르는 콧물을 막기엔 역부족이었다. 댐이 무너지는 중인데, 뚫린 구멍에 찰흙 몇 조각을 붙여놓는 느낌이었다. 그래도 두 번 부르긴 미안해서 그냥 그 휴지를 돌돌 말아 코를 막고 다시 엎드렸다.

 홀로 받는 큰 수술은 외롭다. 손만 뻗으면 닿을 거리에 있는 휴지통도 너무 멀게 느껴지고, 화장실 가는 길은 어두운 밤길을 오르는 것처럼 막막하다. 누군가, 그저 가볍게 손만 잡아주었어도 지금보다는 훨씬 덜 힘들었을 텐데. 앞으로 누군가 수술을 받게 된다면, 그날만큼은 꼭 곁에 있어주어야겠다고 마음먹었다. 몸도 마음도 맥없이 무너져 내리는 그 하루를 혼자 견뎌야 한다는 건, 고독하고 외로운 일이다.

하얀 병실 침대에 누워 나는 다시 '관계'에 대해 생각했다. 주위를 둘러보니, 병실엔 연세 지긋한 할아버지들이 많았다. 모두 건강하지는 않아 보였다. 그런데 이외에도 어르신들에겐 공통점이 하나 있었다. 모두가… 끊임없이 욕을 한다.

밤늦게까지 TV 소리를 크게 틀고, 본인은 귀가 잘 안 들린다며 소리 지르고, 반대편 할아버지가 "이 늦은 시간에 그러면 어떡하냐"고 말하자, 이에 질세라 갖은 욕을 쏟아낸다. 간호사에게는 자기 변에 피가 나왔다고 소리 지르고, 왜 자기 심부름을 안 해주느냐며 언성을 높이기도 했다. 그 모습을 지켜보며 나는 의료인들의 삶이 얼마나 고단한지 새삼 느꼈다. 몸이 아프고서야 비로소 이해되었다.

나 역시 누군가가 조금만 건드려도 짜증이 일고, 몸 곳곳에 화가 고여감을 느낀다. 그러나 나의 아픔이 누군가를 괴롭히는 일에 면죄부가 될 수는 없다. 몸이 아프면, 화가 많아진다. 그럴수록 스스로를 다잡아야 한다. 할아버지들의 날 선 말 속에서 올라오는 짜증을 눌러가며, 감사하다는 말을 더 자주 해야겠다고 다짐했다.

밤새 눈이 밤송이처럼 쿡쿡 찔리는 느낌에 두 번이나 진통제를 요청했다. 생각해 보면, 과거엔 이런 치료 자체가 불가능했을 것이다. 말 그대로 영구적인 실명이었겠지. 좋은 시대에 살고 있다는 것이 피부로 느껴졌다.

  눈이 보이지 않는다. 따끔거리고 가렵다. 가끔 통증이 가라앉을 때면, 왼쪽 눈으로만 겨우 시야를 확보한 채 천천히 타자를 친다. 이 눈조차 난시가 심해 글자가 겹쳐 보이지만, 감각으로 글을 쓴다. 내가 이렇게 글에 진심이었구나. 고개를 숙이고, 바닥을 보며 지내는 시간들. 눈에 넣은 가스 때문에 2주간 고개를 들 수 없다고 한다.
  지금도 바닥을 베개 삼아 웅크린 채 글을 쓴다. 억지스럽게 들릴지 모르지만, 이 시간에도 나는 느끼는 것이 많다. 그냥 서 있다는 것, 편히 누워 잘 수 있다는 것, 그조차 하지 못하는 이들이 세상에는 많다. 우리의 '보통의 삶'이란 생각보다 큰 축복 속에 있다. 나는 흐르는 눈물을 닦으며 눈의 소중함을 배우는 중이다. 고난과 역경을 통해 삶을 배우며 살아가는 중이다. 어쩌면 그 과정이 미래의 나를 조금은 더 행복하게 만들어줄지도 모른다. 또 얼마나 좋은 일들이 오려고 이러는 걸까. 그렇게 나는 고개를 숙인 채 마음을 다시 세운다.

마지막
잎새

태양이 뜨면 별은 지고, 눈이 녹으면 꽃은 핀다.
시작이 있으면 끝은 언제나 찾아온다.

이건 누구나 아는 말이지만,
나에게는 늘 어려운 진실이었다.

이제 마지막 글을 적으려 한다.
마치 인생의 졸업식을 마주하는 기분이다.

처음 글을 쓰기 시작했을 땐 정말 힘들었다. 좋은 글을 쓰고 싶었지만 못난 문장만 나왔고, 아름다운 향기를 담고 싶었지만 먼지가 낀 오래된 기억의 냄새만 맴도는 것 같았다.
글 하나를 새로 쓸 때마다 새로운 과제를 받는 학생처럼 떨렸다. 결과에 대한 두려움, 누군가에게 닿기는 할까 하는 조바심,

그 감정들은 처음부터 지금까지 계속되었다. 그러나 두려움 속엔 언제나 작은 기쁨이 숨어 있었다. 내 마음이 누군가에게 닿을지도 모른다는 기대. 그것은 나에게 가장 큰 보람이다. 그게 없었다면, 이 많은 날들을 글로 채우지 못했을 것이다.

마지막이 되어서야 고백하자면, 사실 내가 전하고 싶었던 것은 글이 아닌 '온기'다.
나는 안다.
당신은 지금 힘들다는 것을.
삶은 언제나 시련 속에 피어나는 한 편의 드라마 같아서 이별, 아픔, 배신 같은 장면들이 끊임없이 이어진다. 그러나 세상이 당신에게 어떤 시나리오를 주었든 당신은 그것을 담담히 읽어나갈 수 있을 것이다. 때로는 그 대본을 스스로 고쳐 쓰는 용기를 가진 사람일 수도 있다. 그건 당신만이 할 수 있는 일일지도 모른다.

지금 이 순간 내가 전하고 싶은 건 멋진 문장이 아니라, 따뜻한 마음이다. 각박하고 차가운 세상이라 종종 따뜻함과 다정함은 촌스럽다고, 고리타분하다고 외면받기도 하지만 그럴 때일수록 우리에겐 필요한 것이 있다.

믿음.
괜찮을 거라는 믿음.
너는 해낼 수 있다는 믿음.
나는 언제나 너의 편이라는 믿음.

그 믿음을 말해줄 수 있는 단 한 사람의 목소리, 나는 그 입이 되고 싶다. 내 글이 당신의 서재에서 혹은 어느 한구석에서 당신을 바라보기를 바란다. 그것은 나에게 가장 값진 소망이다. 언젠가 당신의 삶에 아픔이 눈처럼 쏟아질 때, 나의 글이 조용히 당신을 바라보는 진실한 시선이 되어주기를 갈망한다. 그 눈빛에 담긴 건 그저 당신에 대한 믿음이다. 당신은 이겨낼 사람이라는, 이름 모를 누군가의 응원이다.

행복한 사람은
글을 쓰지 않는다

초판 1쇄 발행 2025년 11월 20일

지 은 이 김효동
기획편집 배혜주
디 자 인 앙금
마 케 팅 이성재

발 행 처 아이스타스
발 행 인 배혜주
출판등록 2024년 6월 26일 (제2025-00175호)
주   소 경기도 고양시 일산동구 장항한강2로 20 501동 15층
전자우편 aestasbooks@gmail.com

ISBN 979-11-995160-0-7 (03810)

- 저작권법에 의해 보호를 받는 저작물이므로 무단전재와 복제를 금합니다.
- 이 책은 아이스타스가 저작권자와의 계약을 통해 대한민국에서 출판했습니다.
- 잘못 만들어진 책은 구입하신 서점에서 교환해드립니다.